JN122849

発達的観点から見た運動と思考との連関

——運動の内面化説の検討——

仲山 佳秀 著

みらい

目　　次

図表の目次

図

表

はじめに

　われわれは、日々の生活において、ほぼ間断なく身体を動かしている。粗大運動（gross motor）としては、たとえば、立ったり、座ったり（姿勢の変換）、歩いたり、立ち止まったり（移動）、競走をしたり、競泳をしたり（スポーツ）、投げたり、締めたり（格闘技）、そして微細運動（fine motor）としては、たとえば、箸で食物を挟んだり、それを口に運んだり（摂食動作）、ペンで字を書いたり、コンピュータのキーボードを打ったり（書字動作または手指の操作）、眼で文字を追ったり、笑ったり（眼球や顔面筋の運動）、喋ったり、歌ったり（発声・発語器官の運動）する。

　このように、自分の身体や物を動かすこと、すなわち運動（随意運動）は、われわれの日々の行動を規定する。何故なら、運動は行動を実現する手段であり、かつ行動の外的表現である（Запорожец, 1960）、すなわち運動は行動に力と形を与えるからである。そして行動はわれわれの日常の生活を形づくるものであるから、運動はわれわれの生活を規定する、とも言える。行動や生活を規定することと深く関わって、それは心理や心理発達に深く関与する。しかしながら、運動と心理との連関はまだ十分検討されておらず、その解明は今後に残された課題である。

　運動と心理との連関（関わり）と言った時に、一般に思い浮かべるイメージは、おそらく身体や運動を通した精神的健康の増進だとか、心の活性化だとか、意志の鍛錬だとかといったこと、すなわち運動と、心の有り様または情意的なことなどとのつながりであろう。運動がこれらの面の改善に寄与することはあり得る。たとえば成瀬（1973）が動作法または心理リハビリテーションとして創始し、今日、臨床動作法などとして受け継がれている（清

水，1999）訓練法は、もともとは脳性麻痺などの運動障害の改善をねらいとする訓練法であったが、さらに種々のタイプの精神的不調を改善し、心を活性化する効果もある、とされる。つまりそれは、身体を動かすことを通して、心を動かす方法でもある、と考えられている。

　しかし運動と心理との連関のうち、とりわけ注目されてきたのは、運動と認識との連関、あるいは運動の認識への関与である。ただし、両者が連関するという見方は、一般に抱かれるイメージには反するかも知れない。というのは、一般には、おそらく運動と認識とは、正反対の位置にあるものと捉えられているからである。たとえば、村田（2007）は、運動と、認識の高次な手段である思考との関係について、こう述べる。

　　わたしたちの経験のなかで思考活動は重要な役割を演じています。とりわけその活動が際立つのは、何かを行おうとしたところ、障害に出会い、立ち止まってそれを避けるための方法について思案にふける場合や、行為に失敗して、何が失敗の原因であったかを反省する場合、あるいは、重大な選択の前に立たされたり、困難な仕事に取り掛かるに際して、さまざまな可能性を検討・熟慮する場合などで、それらに共通に見られるのは、行為遂行の状況から一歩身をひいて、自分がおかれた状況そのものを対象化しているという点です。（村田，2007，p.63）

　この記述は、現実の状況から距離をとるという人間の思考の特徴を的確に言い表している。しかし運動と思考とが分離していること、あるいは両者が「ベクトルを正反対に」（村田，2007，p.63）していることは、おとなの、あるいは一定の成熟に達した思考の本質的特徴であって、発達（形成）の観点に立てば、運動と思考または認識とが密接に結びつき得る、あるいは運動が思考の形成に深く関与し得る、と見ることができる。すなわち長い発達の過程で、互いが他を形成する条件となりつつ（相互作用しながら）、次第に分離していくという過程を描くことができる。このことは、障害のある子ども、とりわけ認識や知的学習に何らかの障害（たとえば限局性学習症 specific learning disorder——中枢神経系の機能障害による読字障害などの

特定の学習技能における発達の障害）のある子どもへの運動を主な手段とする治療・訓練法の存在が示唆しているであろう。

　障害児に対する、運動を主体とする治療・訓練法は、目的の相違によって大きく２つのタイプに分けることができる。第１のタイプは、脳性麻痺児などの身体が不自由な子どもの運動機能の改善・促進を目的とするものである。この中に、姿勢の変換や移動などの基本的動作（基本的運動機能）の訓練を行う理学療法（phsical therapy）、上肢を中心とする日常生活動作または応用動作の訓練を行う作業療法（occupational therapy）、発声・発語器官の微細な運動の訓練を含む言語治療（speech therapy）、および体育などを位置づけることができよう。

　なお、この第１のタイプが運動のコントロールを目的とするものだとすれば、その延長上に行動の障害や問題の改善、すなわち行動のコントロールを目的とするものを位置づけることができるかも知れない。この種のものは、自閉スペクトラム症児、注意欠如・多動症児などの行動上の障害や問題のある子どもの、いわゆる「問題行動」を主たる対象として行われるものであるが、まだ研究が限られており、１つのタイプを構成するには至らない、と筆者は考える。

　運動を用いる障害児の治療・訓練法の第２のタイプは、知的障害児や限局性学習症児などの、認識や知的学習に何らかの障害を持つ子どもの認識機能の改善・促進を目的とするものである。この中に、学習の遅れた子ども（slow learner）の知的機能（知覚機能など）を改善するための訓練法であるケファートの知覚－運動訓練（Kephart, 1968：1971）、作業療法の実践と神経心理学の知見に基づいて、限局性学習症児などにおける知的学習の土台の構築を目指す、エアースの運動を主体とする感覚統合療法（感覚という用語が使われているが実際には運動を主体とする——Ayres, 1972；1979；青木，1984；仲山，1991；有川・繁田・山田，2006；Zimmer & Desch, 2012；加藤・岩永・大田他，2015；岩永，2017）、そして感覚－運動技能と言語－思考過程を統合させて知覚機能を向上させようとするフロスティッグの視知覚運動訓練（Frostig, 1970；府川・井梅・近藤他，2014）などを位置づけることができよう。

これらの第1と第2の治療・訓練法のうち、運動と認識との連関を示唆するのは、認識や知的学習に障害のある子どもを対象とする、第2のタイプの治療・訓練法の存在である。

　運動によって運動機能にはたらきかける第1のタイプの治療・訓練法は、発達神経学の進歩などを土台に、方法上の工夫を積み重ねることなどによって、目に見える成果をあげてきた。その代表的なものは、脳性麻痺の正常化に道を開いた、20世紀中頃のボバース法、ボイタ法などの神経学的早期治療法の開発と、その後の発展である。これに対して、運動によって運動とは別の機能系である認識機能にはたらかける第2のタイプの治療・訓練法は、まだ明瞭な成果をあげるに至っていない（Miyahara & Mobs, 1995；川崎, 1999；Mercer, 2005）。それは、本来、運動と認識とが連関しないからなのだろうか。

　これに対して、筆者は、否と考える。何故なら、運動と認識とが連関することは、次に述べるように、相応の事実的根拠を有する妥当な見方である、と思われるからである。

第1節　運動と認識とが連関することを示唆する事実と同連関を主張する理論

第1項　運動と認識との連関を示唆する事実

　運動と認識とが連関することを示唆する事実は多く存在する。その第1は、ヘルドとヘイン（Held & Hein, 1963）の子ネコの実験である。彼らは子ネコを2つの群に分け、一方の群をゴンドラに乗せて自由な移動を制限する条件で、他方の群を自由に移動できる条件で育てた（図0-1）。その際、環境刺激が両群に等しく与えられるように、円形の壁は一様の模様にし、その中で、2匹のネコを円運動のみが可能な一本の軸の両端に固定しておく。その結果、自由移動ネコは視知覚の特別の問題は持たなかったが、ゴンドラネ

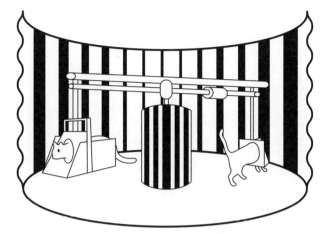

図0-1　ゴンドラネコと自由移動ネコ
（Held & Hein, 1963, ただし筆者が一部改変）

コは生存にとって必要な基本的な視知覚さえ獲得していなかった。

　２匹のネコが移動する（動く）方向や量は同じであり、したがって与えられる視覚（環境）刺激の質や量も等しいと考えられるので、２匹のネコに生じた差異は、自分で（随意に）動くのか否か、あるいはこの装置を自分で動かすのか否かの差異によって生じたものである。それゆえそれは、単に「動く」のではなく、「能動的に動く」あるいは「動かす」ということが、認識の１つの形態である視知覚の成立において、きわめて重要であることを示している。

　その第２は、心的回転（mental rotation）の実験である。シェパードとメッツラー（Shepard & Metzler, 1971）が考案した心的回転課題は、互いに他に対して平面上を、あるいは奥行き方向に回転している２つの立体図形が、同じであるか否かの判断を求めるものである（図0-2a）。この課題を用いた実験によって、同じか否かを判断する時間（反応時間）は２つの図形の回転角度差に応じて長くなる、すなわち回転角度差の一次関数であり（図0-2b）、また判断時間（反応時間）と角度差の関係は１秒に対して約60度であることが示された。

　この結果は、運動と認識との関係を考える上で大変興味深い。何故なら、

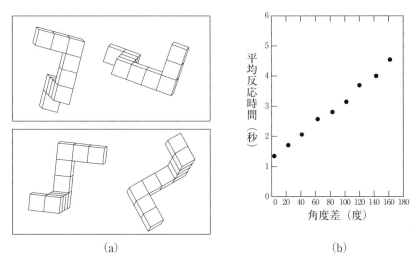

(a)   (b)

図0-2　心的回転（Shepard & Metzler, 1971, ただし筆者が一部簡略化）

それが手などの身体器官による実際の運動（手で立体図形を回す）を心
（頭）の中で行っている（立体図形のイメージを回す、あるいは操作する）
ことの証拠と解釈される（佐々木，1987）からである。その理由はこうであ
る。

　実際に相互に回転した2つの立体図形が同じかどうかを判断する場合、そ
れらを両手のそれぞれに持って、互いに回転させ、両図形を何らかの基準に
従って揃えるという操作を行うであろう。その回転に要する実際の時間は、
両図形の回転角度差に応じて長くなると推測される。移動の長さが長くなれ
ば、所要時間が長くなるのが自然だからである。したがって、心的回転の実
験において、異同を判断する時間が回転角度差の1次関数になったというこ
とは、これと同じことがイメージの上でも起きている、つまり物理的な移動
の長さ（図形を回す際における図形の移動の長さ）と心理的な移動の長さ
（図形のイメージを回す際における図形の移動の長さ）とが対応していると
いうことを表している、と解釈し得る。

　第3は、痙直型脳性麻痺――新生児期までの脳損傷による運動障害のう
ち、運動皮質の損傷に起因するとされる類型を痙直型と言い、脳性麻痺の中

で最も多い類型とされる——児にしばしば随伴する構成障害の現象である。それは、認識発達に対する運動障害の影響を考える上で欠くことのできない問題である。運動が制限されていることが認識にどのような影響を及ぼすか、つまり運動制限の認識機能への帰結を示す重要なデータとなり得るからである。構成障害は、描画や書字などの構成行為の能力が選択的に低下している（他の能力は年齢相応あるいはそれ以上の発達を遂げているが、構成能力の発達のみが遅れている）現象を指す。ただし運動障害、感覚または知覚の障害、知的障害に直接起因するものは構成障害には含まれない。この障害は比較的低年齢の痙直型脳性麻痺児に顕著であるが、9、10歳頃に急激な改善を見せる（舛地，1978）。すなわち9、10歳が彼らの構成機能の「臨界期」である（舛地，1978）。

　構成障害が構成行為過程のどこから起こってくるかという問題に関して、ボートナーとバーチ（Bortner & Birch, 1962）や舛地（1971）は、構成障害のある脳性麻痺児のほとんどが構成すべき形態を正しく弁別できることから、彼らの構成の困難は正確に認識したものを適切な行為のパターンに変換（translate）する能力の障害から起こるとした。これに対して仲山（1984）は、痙直型脳性麻痺児の形態の分節化能力または分析能力が低い水準にあること、その能力と構成能力との間に一定の連関があることから、彼らの構成障害は高次な視空間または視空間的構造の認識の障害から起こる可能性があるとした。

　それゆえ、痙直型脳性麻痺児の構成障害の要因は、認識から行為への変換過程の障害か高次視空間認識の障害のいずれか、あるいは両方の障害にありうる。ただし、それらが彼らの主障害である運動障害に起因するのか、あるいは運動障害を引き起こした脳損傷に起因するのかは明らかではない。もし前者であるとすれば、彼らに構成障害が存在することは、認識から行為への変換過程か高次な視空間認識のいずれかの発達、あるいは両方の発達に運動が関与する可能性を、マイナス（障害の連鎖）の面から示唆していることになる。

　第4は、先天的に視覚が閉ざされた患者の開眼手術後の視知覚獲得過程に関する研究（鳥居，1982）である。生まれつき眼が見えなかったこの患者

は、開眼手術によって光刺激を感受できるようになっても、それによって直ちに外界の対象を視覚的に知覚できるようになるわけではなかった。この患者が十分に体制化された形態の視知覚を獲得するためには、眼球、手、および頭の運動──形態をなぞるように動く動き──が介在する長期の訓練が必要であった（梅津他, 1967）。このことは視知覚が運動的要素を包含することによって成り立つ（鹿取, 1968）ことを示唆していると言える。そしてわれわれが視知覚を獲得する際にも、このような運動的過程が進行していたと推測される（Запорожец, 1960）。すなわち、われわれが行っている、通常は一瞬にして成立する形態（三角形や正方形のようなきわめて単純な図形でさえも）の知覚も、発達初期のある時期、このような運動的過程を経過することによってはじめて獲得され、獲得後もこの過程は消失してしまうのではなく、その後もずっと潜在化して存在し続ける、と考えられる。ザポロージェッツ（Запорожец, 1960）が視知覚を短縮化された定位的行為（何かに向けられた、あるいは向かう行為）と呼ぶのは、正常な視知覚が運動的要素を包含して機能する、すなわち大人の視知覚においても、そこに内面化され、短縮化された行為が潜在するという事態を指しているからだ、と思われる。

　第5は、佐々木・渡辺（1983）、佐々木（1984）の空書に関する研究である。彼らは、漢字の成分を統合させる課題（漢字の構造を想起させる課題でもある。たとえば口、十、口の3つの漢字を組み合わせてできる別の漢字を想起する、あるいは描く課題：解答は「固」である）を用いた実験によって、空中の書字動作──空中に指で文字を描くこと：空書──がこの課題の遂行を促進すること、空書は日本人などの漢字文化圏で育った人々に特徴的であること、そして空書の出現率は7-9歳では非常に低いが、9歳から10歳にかけて急激に上昇し、大人ではほぼ100%に達することを示した。佐々木（1984）によれば、空書が漢字成分の統合課題の遂行を促進する理由はこうである。

　われわれは、ふつう漢字を学習する際に繰り返し書字動作を行う（何度も書いてみる）。つまり感覚運動的に学習する。そのため漢字は感覚運動的成分を含む表象として保持される。そのような表象は、感覚運動的手がかり

（空書）によってもっとも良く想起されるであろう。この説明は、サルツとディクソン（Saltz & Dixon, 1982）の文の記憶における行為化（motoric enactment）の効果についての仮説——動作を含意する文を実際に行為させて記憶させると、記憶の効率が高まる——に一致する。だとすれば、運動の効果が見られるのは、学習時に運動が関与したものに限定される、すなわち運動の認識への作用は、認識の獲得様式に左右されることになる。このことは、認識の仕方や種類などによって運動との連関の有り様に相違があり得ることを示唆している、と言えよう。

　そして空書の出現率が９歳から10歳にかけて急激に上昇するということに関して佐々木（1984）は、その年齢がイメージ変換操作の発達の転換点に一致するとし、空書の出現にその転換を可能にする認識構造の成立が関与している可能性を指摘している。つまり一定の認識構造の獲得が空書行動出現の条件になる、ということである。認識構造の成立が、認識に作用しうる運動（空書）の出現に関与しているとすれば、運動が認識構造を形づくる（運動が認識構造形成の契機となる）のではなく、逆に、認識構造が運動の作用を規定する、ということになる。しかし空書の出現には、それを可能にする認識構造の成立という要因だけでなく、それを可能にするイメージ変換操作の成立あるいは発達的変化という要因もあり得るのではないだろうか。だとすれば、イメージ変換操作には、空書という手指の操作（動き）の運動感覚的成分が大きく関わると考えられるので、認識構造のレベル（認識の要因）と、運動感覚的成分を必然的に含むイメージ変換操作のレベル（運動の要因）の２つが、ともに空書の出現に関わると捉えるのが妥当だと考えられる。それゆえ、空書の実験は、やはり、漢字（形態）の統合または想起（知的作業）に運動要因が関わることを示唆している、と解釈できよう。

　第６は、最近の脳画像研究の知見である。それによれば、運動と認識との間には、脳活動部位における共通性が存在する（たとえば Hanakawa, Honda, Okada et al., 2002）。つまり、知的課題を行っている被験者においては、脳の知的活動を司る領域だけでなく、運動を司る領域もまた活性化する、ということである。

　そして第７は、身体座標である。運動の基盤である身体は、ときに認識に

対して特別な役割を果たすものと見なされている。それは、視空間認識の座標系または参照系としての役割である。その論拠の1つが、シルダー（Schilder, 1923；1935）の身体図式論である。身体図式は、秋元（1976, pp.113-114）によれば、次のようなものである（以下にパラフレーズする）。

　身体図式の存在を示す現象が「幻影肢」（phantom limb）である。それは、肢体切断を受けた患者が、その直後、しばらくの間、切断されて存在しない肢体をなお存在するもののように意識し、失った肢体の一定部位になまなましい痛みや痒みを感じ、そこに手をやってみて初めてないことに気づいたり、また切断された肢体をなおあるかのように意識するため支柱なしで歩き出して倒れたりする現象である。このような患者は、切断された肢体をファントム（幻影）として意識の中に保有すると考えられる。この現象は次のことを考えさせる。身体末梢からの知覚は身体外表の局所的位置を意識に反映する。このような反映が可能であるためには、意識中に末梢とは独立した尺度が存在しなくてはならない。肢体切断によって末梢知覚が喪失しても、それ自身独立性を持つ尺度中の、喪失した肢体のある部位に対応する部分が興奮すれば、実際に末梢部位が刺戟されたのと同じように感じる。末梢知覚は必ず身体全体との関係とともに意識され、感覚だけを意識するのではない。ヘッドとホルムズ（Head, H. & Holmes, 1911-1912）は、感覚を意識に位置づける標準の存在を図式と呼んだ。身体図式は論理的帰結としての構成物である。それは次のような数学の公理のようなものである。

　　直接その存在を証明することはできないが、種々の事実から類推してその存在を否定できないもの、すなわち消極的に証明されるべきものである。身体図式とは譬喩的にこれを説明すれば、身体全体に対する位置的関係を示す地形図である。地形図が山野の現実的状態にもとづきながら、しかもそれとは独立した存在であるのと同様に、身体図式も身体末梢知覚の空間分布の意識における模写ではあるが、末梢知覚自体からは独立した存在である。（秋元, 1976, p.114）

シルダー（Schilder, 1923, 訳書 p.8）によれば、各個人が自己身体につい

て持つ空間像が身体図式（Körperschema）であり、外的空間における空間
関係（物の位置関係や方向など）は自己身体から抽象された身体図式を外界
に投影してはじめて認識できる。すなわち、身体図式論においては外的空間
の座標系または参照系が身体空間である身体図式であり、その意味におい
て、身体空間は認識の座標である。

　身体図式に関しては、類似する概念である身体イメージとの区別と相互関
係がしばしば問題になる（Gallagher, 2004, p.234；2005, p.17；他）が、筆者
は秋元とシルダーの定義に依拠し、身体図式が自己の身体の空間を反映した
表象——自己身体空間の表象——であり、また身体運動を通して形成され
（河野，2000，p.78）、それゆえ運動と認識との連関の議論における一要素と
なり、かつ自己身体の周りの空間あるいは身体近接空間（space around the
body または peripersonal space——Holmes & Spence, 2004）に対してだけ
ではなく、自己身体の運動が直接及ばない遠い空間（extrapersonal visual
space——同）に対しても、それらの空間関係を把握する際に機能し得るも
の（Haggard & Wolpert, 2005）、すなわち自己身体の空間的側面に限定さ
れた意識的または無意識的な表象——身体イメージは身体の様々な側面の無
意識的表象——、と捉える。

　では、以上の事実を束ねるもの、すなわち運動と認識とが連関するという
理論または学問的見解はどのように構築されているだろうか。それを次に述
べる。

第2項　運動と認識との連関を主張する理論または学問的見解

　運動と認識とが連関するという見方を支える有力な理論または学問的見解
の1つのグループは、発生・発達に関するものであり、それは古くから存在
する。以下、それらのいくつかを述べる。

　第1に、グリューンバウム（Grünbaum, 1930）は、高次脳機能障害に関
する臨床と研究に基づいて、かつ発達的観点から、認識は常に行為の要素を
含んでいるとする。彼によれば、人が認識するとき、必ず一定の行為を予定

しており、認識の中に含まれた行為は現実化に先行する虚性行為である。したがって認識に基づいて行為（運動）が発生するのではなく、行為に基づいて認識が発生する。

　この虚性行為の概念は、ギブソン（Gibson, 1979）の広く知られたアフォーダンス（affordance）の概念に通じる、と思われる。アフォーダンスとは、「環境が動物に供給し、備え与えるものである」（p.127，訳書 p.137）。つまり、それは環境の中に存在するものが与える行為の可能性である。たとえば椅子を目の前にした時、その映像は座るという行為を予示するであろう。ものの知覚に関するこのような考え方は、別段新しいものではない。秋元（1976，p.34）は、行為障害（失行症）に関する考察において、ものの認識はその物の用途を含むことを示した。用途とは、手指などの身体運動のプログラム（運動形式）によって遂行される使用の手続きである。グリューンバウムの言う虚性行為も、このような潜在的な、あるいは可能な行為を指すと考えられるので、知覚がアフォーダンスを包含して成立すると言えるように、認識が虚性行為を包含して成立すると言え、したがって、行為に基づいて認識が発生する、という彼の言い方も成り立つと思われる。

　第2に、ピアジェ（Piaget, 1948；1949；1951；1977）の構造主義的認識発達理論、すなわち発生的認識論（Épistémologie Génétique）は、発達最初期の主導的活動である運動が内面化され、かつ内面化された自己身体の運動（運動表象）が発達の過程において質的な変化を遂げ、思考操作になる、と主張する。つまりそれは、運動が発達過程において、次第に思考を形づくる、という理論であり、かつ運動の内面化説である。

　第3に、神経生理学者のシェリントン（Sherrington, 1951）は、生命のスケールで見ると筋肉、神経、認識可能な精神の順に組織化が進んできたという事実認識に基づいて、運動行為は精神を認識可能な状態（recognizability）にする道を歩ませはじめたと考える。それは、動物に固有の運動器官である筋肉が神経を生成し、かつ神経が精神を準備するということであり、それゆえ、運動が認識の基底にある、ということを意味していよう。

　第4に、知覚心理学者であるザポロージェッツ（Запорожец, 1960, pp.56-59）は、次のように、認識行動の発生の根拠を運動に求める。

　動物にも植物にも等しく備わる栄養機能に加えて、栄養源の交替によって、すなわち生物が無機的食餌から有機的食餌へ移行することによって、外界との新しい交渉形態、すなわち運動行動または行動機能が発達する。

　　その実現の過程で、複雑な変化する外的環境に絶えず適応しなければならない。この結果、その調整のためには、より高度の反映形態が要求され、行為をこれらの条件に正確に一致させるため、心像を形成すること、つまり、行為の対象的条件から「型を写しとる」こと、が要求される。(p.59)

　すなわち彼によれば、系統発生的に（進化の過程から）見ると、生物進化の過程のある時期に運動行動が発生したことによって、認識機能が発達し始めた、あるいは運動行動の発生とともに、認識機能が発生した、ということになる。

　運動と認識とが連関するという見方を支える有力な理論または学問的見解のもう1つのグループは、身体または運動を中核に据える哲学または思想である。それらのいくつかを述べる。

　第1に、感覚運動的活動（経験）と、概念や思考との間を想像力によって結びつける理論を構築したジョンソン（Johnson, 1987；2017）は、「概念的知識は徹頭徹尾身体化されて」（Johnson, 2017, p.147）おり、「われわれは動物なのであって、それゆえ、推論の型が身体化された水準におけるわれわれの活動から創発するとしても、それはごく自然なことである」（p.40, 訳書p.120）、とする。すなわち彼によれば、身体の活動が、概念や、思考の1つの形式である推論の仕方を決めることになる。とすれば、身体の活動というのは運動のことと解釈し得るから、運動が思考を左右することになる、と言える。ザポロージェッツとジョンソンのこれらの所説は、系統発生上、動物の発生と認識の発生とが、すなわち動きと知的活動とが深い関係にあることを示唆しているであろう。

　第2に、「知覚とは行為の仕方である」（Noë, 2004, p.1, 訳書p.1）とするエナクティヴ・アプローチの立場に立つノエは、次のように主張する。

視覚的光景の詳細（the detail）はアクセス可能なものとして眼前しており、われわれは感覚運動的技能や認知的技能を所有しているおかげで、身近にある詳細にアクセスでき（同 p.215，訳書 p.353）、「世界は今、私にとって眼前しているが、それは表象されたものとしてではなく、アクセス可能なものとしてなのである」（同 p.192，訳書 p.314）。そして、「私たちが何を知覚するかは私たちが何を行うか（あるいは、どういう技能知［know-how］をもっているか）によって規定される。私たちが何をできるか［ready to do］によって規定されている」（同 p.1，訳書 pp.1-2）。

　この記述は、必要があればそこへ行くことができる、あるいはそれを行うことができるという可能性が、目前の知覚を規定する、言い換えればアクセス可能性または行為可能性、対象に関わる運動の可能性が、その対象の認識（知覚）を左右するということである。

　そして第3に、エナクティヴィスト（enactivist）のギャラガー（Gallagher, 2017）は、エナクティヴィズムはより高次で複雑な認識機能が感覚運動的協調だけでなく、全身の感情的および自律的側面をも土台とし、また反省的思考や熟考のような高次な認識機能は高度の技能知の行使であり、かつ関連する身体化された行為と結びついている（p.6）、とする。この見方も、身体または運動が思考または認識と深く連関するという主張に他ならないであろう。

　ところで、認識にも発達のレベルがあり得る。目下、われわれに関心があるのは、身体や運動と認識との系統発生的な（進化の上での）関係ではなく、あるいは動物の運動と、その求心性機能あるいは同化機能（認識機能）、つまり動物の運動機能と認識機能との一般的な関係ではなく、その密接な関係を土台としつつ、長い時間をかけて結実した、人間の運動と人間に固有の高次な認識の機能や構造──思考や概念など──との連関である。何故なら、それに関する議論が未だ十分に行われておらず、またその議論は後で触れるように、重要な理論的および実践的意義を持ち得るからである。この人間に固有の高次な認識の機能や構造、あるいは認識の高次な単位（手段）を、それらに通底する思考という用語で概括するとすれば、この問題は、運動と思考との連関として定式化できる。

第2節　運動と思考との連関

　本論文の中核的問題は、運動と思考とがどのように連関するか、あるいは運動がどのように思考に関与するか、その機序である。その際、筆者は、発達的観点に立ち、かつ「運動の内面化説」の立場に立つ。

　発達的観点に立つのは、運動と思考とは本来別の機能系であり、かつ、ある意味において両者は反対の方向を向いている、すなわち村田（2007）の言葉を借りれば、「ベクトルを正反対に」（p.63）している関係であるにもかかわらず、筆者は、発達の観点からすれば、両者は必然的に結びつく、と考えるからである。すなわち成熟した形態においては、運動と思考とは互いに分化しているとしても、そこに至る発達の長い過程においては、両者は互いに他を形成するという関係、しかも単に一方が他方の発達に良い影響を及ぼすというような緩やかな関係ではなく、互いに他を必須の形成要因とする必然的な関係に立つと、とらえるからである。

　その連関における、「運動の内面化説」とは、実際の運動が内面化されることによって思考が形づくられる、という説である。運動の内面化によって思考の成り立ちを説明するということは、はじめ身体で行っていたことをやがて頭の中で行うようになる、あるいは物理的行為が発達とともに心理的行為に転換するという観点に立つことを意味する。

　この立場に立つのは、運動と思考との連関を主張する諸理論が、明示（意識）されているか否かは別にして、少なくとも、その主要なものは実質的に運動の内面化説であるからであり、また筆者は、それが一定の妥当性を持った、かつ今後さらに発展する可能性を秘めた理論的立場だと考えるからである。運動の内面化説は、また、思考を運動との類似においてとらえようとするアプローチであり、それゆえ研究の新しい地平を開くものであった。それは今でも同じである。

　こうして本論文は、発達的観点と運動の内面化説の立場から運動と思考との連関を議論する。その順序は次の通りである。

　第1章においては、構成行為を検討する。構成行為を取り上げる理由は、

第1に、それが高次な行為であり、かつ運動との関連がきわめて深いと考えられる空間に関する行為であるから、つまりそれが運動と思考との結節点だと思われるからである。それゆえ第2に、内面化された運動（内的な運動）、すなわち運動の表象が機能すると思われるからである。

　構成行為に関して、まず脳性麻痺児の構成障害に関する実験的検討を行う。その目的は、彼らに特異的に見られる構成障害が、構成行為の2つの側面、すなわち認識と行為のどちらから起こってくるのかという問題に解答を与えることである。それは、脳性麻痺児の主障害である運動障害が、構成行為における空間的な思考や操作にどのような影響を及ぼすか、すなわち運動能力と空間的な認識能力または思考能力との連関の様相を明らかにすることでもある。

　次に、構成行為の機序に関する理論的検討を行う。これまで不十分であった構成行為の機序または過程に関する理論的検討は、脳性麻痺児に関する実験的検討の結果と照らし合わせることによって、構成行為における内的な運動（運動表象）の機能と位置を明瞭にするであろう。

　第2章においては、内的な運動（運動表象）の概念規定を試みる。その過程で、それに類似する他の諸概念との関係を明らかにしつつ、内的な運動に関する新たな概念の導入を試みることにする。思考との連関において議論される内的な運動は、議論の歴史が浅いためか、発達的観点からすれば、そこにいくつかのレベル（または種類）が区別し得るにも関わらず、このような区別は無視され、レベルの異なるものが一緒くたに議論されているように思われる。そのことは、知覚と同様に、内的な運動（または運動の表象）を形成要因とするイメージ（心像）の捉え方にも影響し、その適切な把握を妨げる作用をもたらし得る。そこで、内的な運動を新たな概念によって捉え直し、それと他の類似の諸概念との区別と相互関係を明瞭にすることにする。この作業は、運動と思考との連関の内的過程を解明することにつながるであろう。

　第3章においては、運動から思考までを一本の筋道でつなごうとするピアジェ（Piaget, 1948；1949）の発生的認識論（ピアジェ説）を検討する。発達的観点に立ち、かつ思考の内面化説の立場に立つもっとも体系的な理論

は、今でもピアジェ説である。本章においては、同説がその所期の意図通り、運動から思考までを一本の線で整合的につなぐことができているか否かを検討する。ピアジェ説は、明確に運動の内面化説の立場に立つので、それはまた、運動の内面化説の正否を問うことでもあり、それゆえ運動と認識とが連関するという理論の正否を問うことでもある。

第4章においては、2つの想像力の理論を検討する。1つはジョンソン（Johnson, 1987）の身体化された想像力の理論（ジョンソン説）である。その基本的なアイディアは、感覚運動的な活動または経験から生成されたイメージの構造（イメージ図式）が抽象的な知的領域に、メタファー的に、すなわち想像力によって投射され、それを通して論理的思考や概念などが形づくられる、というものである。

もう1つは、ジョンソン説と基本的に同じ理論的枠組みを持つ月本（2010b）の仮想的身体運動による身体運動意味論あるいはイメージ理論（月本説）である。

これらをここで検討する理由は、両説は、感覚運動または身体運動と思考や概念とが想像（メタファー）によって直接的に結びつくとする理論であり、それゆえ想像の理論でもあるが、同時に、運動が思考や概念などの高次な認識に転換するとする理論であり、それゆえ運動の内面化説の範疇に属すると見ることができるからである。この章においては、運動の内面化説の立場に立つと解釈され得るこの2つの想像力の理論が、運動と思考とを結びつけ得ているか否かを検討する。

第3節　運動と思考との連関を議論する意義

運動と思考との連関を議論する理論的意義の1つ目は、それが、外的なものと内的なもの、あるいは物理的なものと心理的なものとの関係を解明することに繋がりうる、ということである。

運動（行為）は、筋肉の活動によって生じる空間関係の変化であるから、第一義的には、外的な変化として、あるいは物理的な身体（肉体）の空間的変化として起こる。他方、思考は、心的な事象あるいは過程であり、分析や

総合などの心的操作を指すのであるから、第一義的には、内的な過程である。運動と思考とがどのように連関するかということは、このような外的なものと内的なものとがどのように関係し合って、あるいはどのように混じり合って発達していくのか、言い換えればどのように互いに他をつくりあげていくのかの歴史であり、それゆえ運動と思考との連関の解明は、この外的なものと内的なものとの関係の歴史を解明することでもある。この個体発生の過程は、系統発生の過程と密接に結びついて進行するのであるから、その解明はまた、系統発生の過程を明確にすることにも資するであろう。

　理論的意義の2つ目は、それが自己と、他者あるいは社会との関係の解明と結びついていることである。運動に伴って起こる感覚、つまり「空間内における身体の位置や動きを把握する個人固有の感覚」（Blakeslee & Blakeslee, 2007, p.9, 訳書 p.25）である自己受容感覚（proprioception）は、動いている自分にしか感受できない。その意味において、運動は個人（個体）的だと言える。これに対して、思考は社会的である。だからこそ、思考はときに内面化された議論と言われ、また、その高次な形態においては、人々あるいは社会的協働にとともに存在し、コミュニケーションの主要な手段でもある言語を手段とする。したがって運動と思考との連関の検討は、個人的なものと社会的なものとの連関過程を検討することでもある。

　次に、運動と思考との連関を検討することの実践的意義を述べる。その1つ目は、それが、障害児、とりわけ認識や知的学習に障害のある子どもに対する有効な「治療・訓練法」を作り上げる上で重要な意義を持つ、ということである。これについてはすでに述べた。

　2つ目は、認識や知的学習に障害のある子どものうち、主として知的な障害（発達期における知的機能と適応行動の制約）のある子どもに対する有効な「知的教科の教育法」を構築していく上で重要な意義を持つ、ということである。1つ目の「治療・訓練」が認識の基礎的過程である知覚の形成を主眼とするものであるのに対し、この2つ目の「知的教科の教育法」は認識の高次な過程である思考や概念、あるいはそれらに直接つながるものの形成を主眼とするものであり、1つ目の「治療・訓練」と、2つ目の「知的教科の教育法」は、いわゆる「療育」（治療と教育とを一体化した概念）を構成す

る2つの側面と見なすことができる。そして後者の、主として知的障害児に対する「知的教科の教育法」については次のように言うことができよう。

発達最初期の主導的活動手段の1つが運動であり、もう1つの手段である感覚とともに、知的障害児の知的学習を遂行する手段として古くから注目されてきた。それらが、その上に構築される知的なものの土台または出発点となりうる、との認識があるからである。

感覚については、たとえば、知的障害児の治療教育を源泉としつつ（岡本, 2016）、幼児教育の分野において、今や世界的な広がりを見せるモンテッソーリの方法は、「感覚教育」と呼ばれるところから理解されるように、感覚の訓練を主体とするものである。

知的障害児の知的教科の教育においては、このような感覚を重視する教育方法とともに、運動を重視する方法が存在する。そういうものとして、今や古典的となったが、優れた遠山（遠山, 1971）の算数の教育実践をあげることができる。彼はこう考えている。

　　私たちは、たとえちえ遅れの子どもであっても、人間として発達していくのには、知的発達が必要であるし、それは教育によってある程度まで可能であるという仮説を持っている。また、人類がこれまでに創りだしてきた文化遺産の一端たりとも得ていくことも人間としての発達をしていくのに欠かせないことに思う。(p.26)

　　たとえ実用生活に使う算数であれ、その算数が理解できるためには、算数としてもつ系統性をふむものでなくてはならない。・・・算数がわかるためには、論理的思考が必要であり、それがわかる過程で、子どもの思考していく力もついていく。(p.27)

　　子どもたちは、新しく獲得した量の概念の上にたって、新しく可能になった思考をしながら新しい生き方をきりひらいて発達していく。(p.28)

このように遠山は、人類の文化遺産（算数などの教科はそれを一定の形式に組織したものと言えよう）を系統的に獲得させる過程で、論理的思考を身につけさせ、それによって知的障害児に自らの生活を切り開く力を獲得させることが可能である、と考えている。そして実際の指導に関してはこう考えている（pp.38-44）（以下にパラフレーズする）。

　知的障害児は抽象と一般化の能力が劣っている。そこでふつうは幼児期に自然に獲得される能力を意図的に教育する必要があり、それを基礎教育と称する。算数の基礎教育を原数学とも言い、3つの領域から成ると考えている。未測量（数値化しない段階の量、または単位を導入する前の量の認識：たとえば大きい・小さい、長い・短い）、位置の表象（物の空間的関係）、そして概念形成の方法（分析・総合の思考）である。

　彼は、これら3領域において行われる知的障害児への指導実践において、実際に手でものを操作するなどの運動的操作を大幅に取り入れている。たとえば未測量領域の「大きさ」の指導においては、型枠に多様な大きさの盤をはめる操作（作業）を行わせたり、「位置の表象」領域においては、立方体の箱を積み上げさせたり、「概念形成の方法」領域においては、色と形の二重分類の操作（作業）を行わせたりするなどである。そしてこれら運動的操作の導入の順序などは、ピアジェ説からヒントを得ている（子どもが空間概念を獲得する順序は、数学史の順序とは逆に、位相性、射影性、そしてユークリッド性の段階を順に経過すること、など）。

　運動的操作を用いるのは、日本の数学教育史に燦然と登場したと言われる、学術的考察に裏付けられた、遠山ら（遠山，1972；遠山・銀林，1976)の算数の指導方法である水道方式でも同じである。水道方式の要請の一つは正方形のタイルを用いることである。この場合、タイルは代用品でもよいが、必ず正方形を用いなくてはならない。というのは、タイルを組み合わせて、数の大小を視覚的に捉え易くし（たとえば「10」が正方形のタイルを縦一列に並べた長方形で表されるとすれば、100はこれらの長方形を10個横に並べた大きい正方形で表される）、かつその映像（知覚）と運動的操作とを結びつけようとするからである。そしてタイルの運動的操作（タイルを組み合わせたり、移動させたりする）によって、数の構造や演算を表現する。た

とえば「2＋1」は加号の左の項にタイルを2枚置き、右の項に1枚置く。そして両項のタイルを合わせる運動的操作を行い、それによって和を導き出す。このメカニズムは、物を集めたり、動かしたり、操作したりする行為が抽象されてイメージ図式という1つの感覚運動的構造となり、その構造が抽象的、概念的領域に写像されて算数となる、という後で詳述するジョンソン（Johnson, 2007）のメタファー（想像）的投射説などに重なるであろう。

　このような、数学者であり、ピアジェ説にも精通している遠山（遠山はピアジェらの *La genèse de nombre chez l'enfant.*『数の発達心理学』の翻訳に携わるなどしている）らの、数学理論に根ざしつつ、実践上の創意工夫を凝らしたユニークな試みは、その後も、脈々と受け継がれてきた。というのは、最近、遠山らの実践に学び、さらにそれを発展させた実践（麦の会・品川・越野，2017）が公表されたからである。この実践は、今後も新たな学問的知見を取り入れながら、いっそう発展していき、運動と思考との連関の問題に有用な示唆を与え得ると思われる。

　こうして、運動と思考との発達的連関を理論的に検討することの意義は、何よりも、障害児の知的な学習や発達を改善したり、促進したりする有効な治療・訓練法や教育法を構築するというところにある、と言えよう。理論のない実践、あるいは正鵠を得ていない理論に基づく実践は、実りが少なく、また逆に、実践の正否は理論の正否に繋がり得る、すなわち理論と実践は互いに他を規定するからである。

第4節　目的

　こうして本論文は、運動の内面化説をいっそう発展させるべく、次の目的を設定する。

　1．運動と思考との発達的連関に関する理論的な問題を明らかにする。

　2．それらを踏まえて、運動と思考との連関に関する筆者の考えを提案する。

第5節　用語の概念規定

　検討に当たって、予めいくつかの用語の概念規定を行っておくことにする。第1に、運動は自己身体の意識的に調整可能な運動（随意運動 voluntary motor action または voluntary movement）——自己が自己の身体や自己以外のものを意図的に「動かす」運動、言い換えれば自己に起因する運動——を指すものとし、運動的行為（単に行為とする）と同義であるとする。

　第2に、思考と認識あるいは両者の関係については、行為（運動）と思考との連関を強調するルビンシュテインの見解に依拠し、次のようにとらえる。

　思考は行為と緊密に結びついており、人間は現実に働きかけながら、現実を認識する。また人間は世界を変化させながら、世界を理解する。行為は思考の原初的な存在形式であり、すべての思考操作は、最初は実践的操作として発生した（Рубинштейн, 1946, 訳書，3, pp.11-12）。

　思考の機能は認識であり、思考することは認識することを意味し、認識は感覚と知覚からはじまり、概念における抽象的思考によって継続される。思考は感性的なもの（感覚、知覚）から出発し、その限界を超えて高まるが、決してそれから切り離されることはない。そして、思考の基本的な操作は、分析と総合である。それは、感性的なものを分析し（諸項に分け）、その結果得られたデータを相互に関係づけ（諸項を結びつけ）、総合することによって、現実の全体像を再建する（Рубинштейн, 1957, 訳書，上 pp.153-154）。

　第3に、認識は表象の形成と同義であるととらえ、かつその種類は視覚的認識を想定する。1つの感覚モダリティーに絞るのは議論の拡散を防ぐためであり、視覚を選ぶのは運動との連関がもっとも深いと考えられるからである。

　そして第4に、イメージは外界の事物の表象における映像または模写であるとし、基礎となる表象が知覚と同じである（積山，1991）と見なす。知覚

が身体による認識である（河野，2015, p.29）のと同様に、イメージもまた身体を起源とするからである。

第1章
構成行為における空間的操作

　運動と思考との連関は、空間的行動において、とりわけその高次なものにおいて、より顕著に表れる、と思われる。何故なら、運動は参照系に対する位置関係の変化、つまり空間関係の変化を意味し、それゆえ運動は空間表象の形成（空間認識）と深く連関するからであり、かつ思考は認識の高次な単位であるので、発達の比較的後期に出現し、認識や解決に一定の時間を要するような複雑な行動において作動する、と考えられるからである。つまり高次な空間的行動は運動と思考との結節点である、と考えられる。

　そこで本章においては、高次な空間的行動の代表的なものだと言える構成行為をとりあげ、そこにおける内面化された運動——内的な運動——の作用を具体的に議論することにする。そのため第1に、痙直型脳性麻痺児に特異的に出現する構成障害の生成要因に関する実験的検討（仲山，1984）を行い、第2に、複雑な構成行為がどのような過程から成り立っているのか、すなわちその機序（仲山，2010・2011）を議論する。

第1節　実験的検討

痙直型脳性麻痺児における構成障害——認識的側面からの検討

第1項　問題と目的

　絵を描いたり、字を書いたり、立体を構成したりする行為、すなわち構成行為は、視覚を通して与えられる形態を視覚と運動によって空間的に再生（あるいは構成）する行為である——視覚障害者では、触覚または触運動感覚が視覚の役割を果たすことは言うまでもない——。この障害（構成障害constructional disorders）が脳性麻痺児に特異的に出現することが古くから知られてきた。しかしそれがどのような機能の障害から起こってくるのかという問題は未解決である。

　なお、構成障害という障害はいろいろな機能の障害から起こり得るが、その中で視力の低下や視野の欠損などの末梢性の感覚障害、運動機能の障害、そして知的障害に直接起因するものは、ふつう、構成障害のカテゴリーには含めない。それらはそれぞれ感覚または知覚の障害（視覚障害など）、運動障害、そして知的障害と呼んだ方が適当だからである。つまり、脳性麻痺児の構成障害は、感覚、知覚、知的機能に問題がなく、かつ構成行為を行うのに必要な運動機能を有している（両手で構成する場合で言えば、上肢には運動障害を有しない脳性麻痺児も多く存在する）にも関わらず、起こってくる場合を指して言う。

　脳性麻痺児の構成障害がどのような機能の障害に起因するか、という問題は、認識——形態の視覚的認識——と、行為（運動）——認識したものを視覚と運動を通じて再生（構成）する行為——の2つの側面に分けて考えられてきた。

　ボートナーとバーチ（Bortner & Birch, 1962）は、脳性麻痺児が構成に失敗した図形（モデル）のほとんどを正しく弁別できることを示し、そのことから、脳性麻痺児の構成の困難は、正確に知覚したものを適切な行為のパ

ターンに変換または翻訳（translate）する能力の障害に基づくとした。つまり、彼らによれば、それは認識の障害からではなく、行為の障害から起こる。また、舛地（1971：1978）は、図形を構成する成績では、脳性麻痺児が健常児より劣るが、同じ図形を弁別する成績では、両者の成績が同程度であることを示し、そのことから、脳性麻痺児は構成機能においては健常児より劣るが、認識機能は健常児と同水準にある、とした。

　ところで、これらの研究では、認識的側面が弁別の成績によってとらえられ、図形の弁別がそのまま図形の認識を意味していた。しかし、ある形態を弁別できるということは、その形態を一定程度認識していることを示すものではあっても、その形態の構成要素の空間的相互関係、すなわち、形態の構造をも明瞭にとらえていることを示すものではない、と言えよう。何故なら、単に諸形態の間の異同を弁別するような場合には、それらの構造に関する明瞭な表象は必要とされない（Усовой и Сакулиной, 1965）からである。このことは、われわれには正しく読めるけれども正しく書けない漢字が存在することからも理解されよう。というのは、ある漢字を正しく読めるということは、その漢字を正しく弁別（知覚）しているということを意味するが、それでも正しく書けないということは、正しく読める（知覚できる）ということがその漢字の構造をも含めて正しく把握していることを示すわけではない、すなわち漢字（形態）の認識には水準の相違（単なる異同弁別、あるいは知覚のレベルと、構造把握のレベルとの相違など）があり得ることを示唆しているからである。

　したがって、子どもがある形態を正しく弁別できたとしても、そのことによって、その子どもがその形態を正しく認識しているということはできないであろう。形態の構造面の正確な把握は、それを構成する際にとりわけ必要となってくるので、形態の弁別はできるがその構成が困難であるというとき、行為面の障害の可能性とともに、その構造を正確に把握する上での認識機能の障害の可能性が考えられなければならないであろう。

　これらのことから、脳性麻痺児の構成障害が認識面の障害から起こってくるのかどうかという問題は、形態の構造的側面を正確に把握する上での障害がないかどうかという観点を加えて、さらに検討していく必要があると思わ

れる。では、ある形態のこのような側面を正しく認識しているかどうかは、どのようにして判定できるのだろうか。それは、秋元（1976）のいうように、その形態を構成させてみることによって、すなわち行為の尺度に照らして、はじめて確実に判断できると言える。しかし、ここでは、認識面の障害の有無を行為面のそれとは独立に示さなければならないので、実際の行為を介さないで認識障害の有無を間接的に推定する他の方法を用いる必要がある。このため、本研究では、次のようにして脳性麻痺児の認識的側面における障害の有無を検討することにした。

　形態の構造を視覚的に認識するためには、それを形づくる各要素を視覚的に分節化し、各要素の空間関係を抽象できることが必要である。したがって、このような視覚的認識機能――これを分節（化）機能と呼ぶことにする――の障害は、認識面の障害を示唆すると言える。そこで、脳性麻痺児において、この分節機能の水準を明らかにすることを通じて、認識的側面の障害の有無を検討することにし、分節機能の把握には、ヴェンゲルとホルムスカヤ（Венгер и Холмовокой, 1978）による視覚的分解の課題を用いることにする。ただし、本研究では、この課題を視覚的分解・合成課題と呼ぶことにする。その理由は、この視覚的分解は、形態を所与の要素に視覚的に分解することであると同時に、所与の要素を一定の形態になるように視覚的に合成することでもあるからである。その実行には、ここでいう分節機能が要求されると考えられる。したがって、その課題成績は、分節機能の水準を示しうると言えよう。

　対象児は、構成障害がとくに多く出現する痙直型脳性麻痺児（Abercrombie, 1964；Abercrombie, Gardiner, Hansen et al., 1964）に限定し、対象年齢は、構成機能が急激に発達する年齢層にある7‐9歳とした（Cruickshank, Bice, Wallen & Lynch, 1965；舛地，1978）。

　以上のことから、本研究の目的は、痙直型脳性麻痺児の構成機能を、視覚的分解・合成課題によってとらえられた分節機能と関連づけて検討し、それを通じて、彼らの構成障害が認識面の障害から起こってくるのかどうか、という問題に考察を加えることである。

第2項　方法

1．被験児

　肢体不自由特別支援学校（養護学校）に在籍する痙直型脳性麻痺児（図表では、痙直型 CP 児と略記する）31名（7歳9名、8歳9名、9歳13名）と、小学校に在籍する同年齢の健常児（定型発達児）31名（7歳11名、8歳10名、9歳10名）を被験児とした。いずれも、眼科的な異常所見がなく、また、本実験における課題の実施が可能な者（課題の実施が不可能と思われる者は、実験の過程で除外した）である。以下、実験内容を実施順に記す。

2．弁別テスト――予備テスト

　視覚的分解・合成課題の予備テストとして、モデルに使用する図形に関する弁別テストを、次のような材料と手続を用いて実施する。

　図1-1に示す図版（図柄は、内部が黄色で輪郭が黒）を用いた。弁別図版とモデル図版の円を、前者が上、後者が下の位置で被検児の正面に呈示し、「これ（モデル図版）と同じものをこの（弁別図版）中から選んで下さい」といって指さBERさせる。以下、同様に、モデル図版の正方形、正三角形について、順に行わせる。

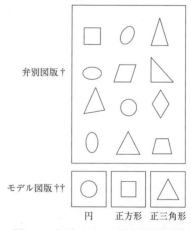

弁別図版†

モデル図版††　円　正方形　正三角形

図1-1　弁別テストに使用する図版
　†図版の大きさは、43×31cm。
　††図版の大きさは、各9×9cm、モデルは円が直径5、正方形が1辺4、正三角形が1辺6、各cm。

3．視覚的分解・合成課題

ヴェンゲルとホルムスカヤ（Венгер и Холмовокой, 1978）が作成した材料に修正を加えたものと、筆者が新たに作成した材料を用いた。

⑴ 練習試行

図1-2に示す図版（図柄は、内部が黄色で輪郭が黒）を用いた。No.1のモデル図版と要素図版を、前者が上、後者が下の位置で被検児の正面に呈示し、「これ（モデル図版）を作る時に使うものを、この（要素図版）中から2つ（No.2が4つ、No.3、4が3つ）選んでください」といって指ささせる。以下、同様にNo.2-4について順に行わせる。

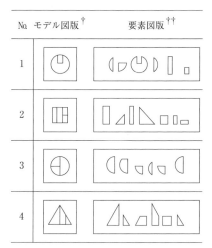

No.	モデル図版[†]	要素図版[††]

図1-2　視覚的分解・合成課題の練習試行に使用する図版

[†] 図版の大きさは、9×9cm、モデルはNo.1、3が直径5cmの円、No.2が1辺4cmの正方形、No.4が1辺6cmの正方形。
[††] 図版の大きさは、9×35cm。

⑵ 本試行

図1-3に示す図版（図柄は、内部が黄色て輪郭が黒）を用いた。モデル図版（弁別テストに用いるものと同じもの）の円と、第1系列・1）の要素図版を、前者が上、後者が下の位置で被検児の正面に呈示し、「これ（モデル図版）を作る時に使うものを、この（要素図版）中から、いるだけ全部選んで下さい」といって指ささせる。以下、同様に残りの課題について番号順に行わせる。要素図版は、選択要素数によって3つの系列に区別される。すなわち、第1系列が2つ、第2系列が3つ、第3系列が4つである。

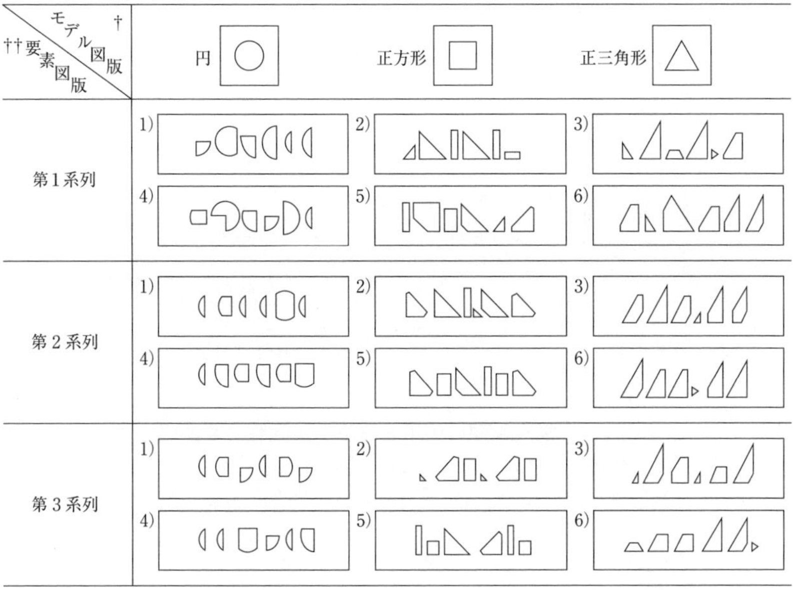

図1-3　視覚的分解・合成課題の本試行に使用する図版

† 弁別テストに使用するものと同じもの。
†† 図版の大きさは各 9 × 35cm。

4．構成課題

　図1-4に示すモデル図版（弁別テストに用いるものと同じもの）と要素組（黄色の厚紙製）、および構成に使用する台紙を用いた。モデル図版の円と、第１系列・1）の要素組を、前者が上、後者が下の位置で被検児の正面に呈示する（後者は、図1-4に示す配置で台紙上に呈示される）。そして、「これ（モデル図版）と同じものを、これ（要素組）を全部使って作って下さい」といって、台紙の上で構成させる。構成終了後、被験児の構成した図形とモデルが同じかどうかの質問をし、さらに誤反応を生じた場合、その構成図形を修正させる。以下、同様に残りの課題についても番号順に行わせる。要素組は、分割要素数によって２つの系列に区別される。すなわち、第１系列が２つ、第２系列が４つである。

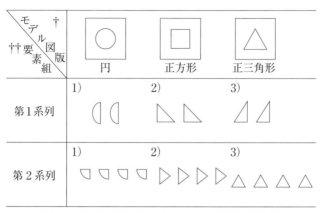

図1-4　構成課題に使用するモデル図版と要素組

†弁別テストに使用するものと同じもの。

††対応するモデルを、第1系列が2つに、第2系列が4つに、それ
　ぞれ等分割したもの。

　全課題が終了した後、構成が不可能であった課題について、実験者が各要
素を1つずつ構成して見せながら、再び構成を行わせる。

5．実施手続き

　実験はすべて個別に行われ、時間の制限はなしとする。まず弁別テストが
実施され、次に課題が実施される。本実験においては、次のいずれかに該当
する者は、被験児から除外した。すなわち、①弁別テストと、②視覚的分
解・合成課題の練習試行で、それぞれ1つ以上の誤答がある者、③構成課題
終了後、構成不可能であった課題について、実験者が各要素を1つずつ構成
して見せながら再構成させるが、それによっても、構成不可能な課題が1つ
以上ある者、である。

第3項　結果

1．視覚的分解・合成課題

　視覚的分解・合成課題の各系列における正答数を群（痙直型脳性麻痺児と健常児の2群）と年齢（7歳、8歳、9歳）に分けて、図1-5に示す。

　各系列の正答数に対する、群と年齢の効果を検定するために、正答数をフリーマン−テューキー（Freeman-Tukey）の開平変換によって変換した後、系列ごとに、群×年齢の2元配置の分散分析を行った。その結果、いずれの系列でも、群の主効果は有意であった（第1系列 F = 36.66, 第2系列 F = 41.04, 第3系列 F = 27.43, いずれも df = 1, p < .01）が、年齢の主効果、および交互作用は有意ではなかった。この検定結果から、痙直型脳性麻痺児は、いずれの年齢においても、視覚的分解・合成課題の成績が健常児よりも有意に低いこと、および、この課題の成績の年齢的差異は、両群ともに有意

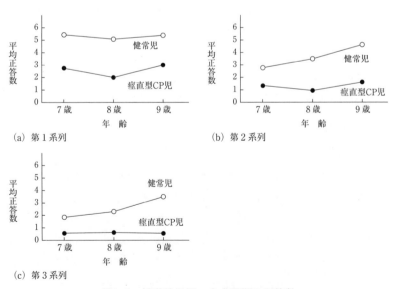

（a）第1系列　　　　　　　　　　　　（b）第2系列

（c）第3系列

図1-5　視覚的分解・合成課題の正答数

ではないことがわかる。ただし、課題成績の年齢的差異については、図1-5から、健常児の第2、第3系列で、加齢による成績の上昇傾向を認めることができる。しかし、この傾向は顕著なものではないと言える。

　これらのことから、第1に、痙直型脳性麻痺児の分節機能が低い水準にあること、第2に、この機能の7-9歳の年齢的変化は顕著でないこと、が言える。

2．構成課題

⑴ 構成の水準

　構成課題の両系列のそれぞれにおいて、1つの正反応につき1点を与え、各被験児の得点を決めた。その結果、次のような得点状況が見られた。

　第1系列：得点3──すべてのモデルに正反応をするもの、得点2──円と、他の1つのモデルに正反応をするもの、得点1──円のみに正反応をするもの。

　第2系列：得点3──すべてのモデルに正反応をするもの、得点2──円と、他の1つのモデルに正反応をするもの、得点1──いずれか1つのモデルに正反応をするもの、得点0──すべてのモデルに誤反応をするもの。

　両系列の得点に基づいて、構成課題の成績を総括的に表わす指標として、3つの構成の水準を設定した。それらを表1-1に示す。

表1-1　構成の各水準

水準	得点†	水準の定義
Ⅲ	6（3・3）	高水準：両系列とももっとも高い得点をするもの
Ⅱ	5-3（3・2，3・1，2・2，2・1）	中間的水準：両系列でそれぞれ3，2，または1の得点をするもの
Ⅰ	2-1（2・0，1・1，1・0）	低水準：両系列のいずれかでもっとも低い得点をするもの

†合計得点（第1系列の得点・第2系列の得点）

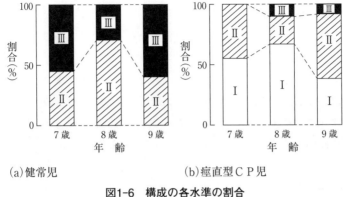

(a)健常児　　　　　　　(b)痙直型ＣＰ児

図1-6　構成の各水準の割合

　表1-1に示された各水準の年齢別の割合を、群ごとに図1-6に示す。

　もっとも高い水準である構成の水準Ⅲの割合に関する群差を χ^2 検定によって検定した結果、健常児の方が有意に高かった（ $\chi^2 = 13.69$, $df = 1$, $P < .001$ ）。次に、各群のそれぞれにおいて、この割合の年齢差を、直接確立法を用いて検定したが、両群とも有意差は認められなかった。また、図1-6によって、各水準の割合の年齢的推移を見ても、そこに一定の傾向は認め難い。

　これらのことから、痙直型脳性麻痺児は、構成課題の成績が健常児よりも有意に低いこと、および、両群とも、この課題の成績に顕著な年齢的変化が認められないこと、がわかる。したがって、第1に、痙直型脳性麻痺児の構成機能が低い水準にあること、第2に、この機能の7−9歳の間の年齢的変化は顕著でないこと、が言える。

(2) 誤反応

　構成課題において、1つの課題が終了するごとに、被験児にその構成した図形とモデルとが同じかどうかの質問を行った。これを、誤反応を生じた場合について見ると、両群ともすべての場合において、構成した図形がモデルと異なっていることを指摘できた。なお、正反応であった場合にも、両群と

もすべてにおいて構成した図形とモデルとが同じであることを指摘できた。これらのことは、全被験児がその構成した図形とモデルとの異同弁別が可能であること、すなわち、彼らが反応の正誤を正しく識別し得ることを示している、と言える。

さらに、誤反応であった場合に、構成した図形を修正するよう求めたところ、健常児では、全誤反応数22のうち、修正可能であったものの数は4、痙直型脳性麻痺児では、94のうち、6であった。全反応数に対する修正可能なものの数に関する群差を、χ^2検定を用いて検定したが、有意差は認められなかった。これらのことから、両群とも、一度構成に失敗すると、再び失敗する傾向にあるということ、および、この傾向に群による違いはないということ、が言える。

次に、被験児によって構成された図形の特徴から、誤反応を系列ごとに次のような数個のパターンに区別した。

第1系列：回転——要素同志は正しく結合されているが、図形全体が30度以上回転しているもの；ランダム——要素が不規則に配置されているもの。

第2系列：回転——第1系列に同じ；擬似構成——モデルの形態が異なった仕方で表現されているもの；部分構成——3/4の要素が正しく結合されているもの；ランダム——正しく結合されている要素が2/4以下であるもの、あるいは、要素が不規則に配置されているもの。これらのパターンの例を、図1-7に示す。

これらのパターンのうち、両系列を通して、両群とももっとも数が多いの

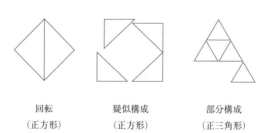

| 回転 | 擬似構成 | 部分構成 |
| (正方形) | (正方形) | (正三角形) |

図1-7　構成誤反応のパターンの例
†すべて痙直型CP児の例。

は、ランダムであった。それ以外のパターンのうち、①回転（両系列とも）と部分構成は、痙直型脳性麻痺児にのみ認められ、②擬似構成は、痙直型脳性麻痺児よりも健常児により高い割合で見られた。

3．両課題の成績間の関連

　図1-8は、視覚的分解・合成課題と構成課題の両成績の関連を見るために、視覚的分解・合成課題の各系列における正答数を、構成の水準ごとに示したものである。図1-8から、両群とも、すべての系列で構成の水準（但し、健常児ではⅡ-Ⅲ）が上昇するにつれて、視覚的分解・合成課題の正答数も増加する傾向を認めることができる。

　このことから、視覚的分解・合成と構成の両課題の成績間に一定の連関のあること、したがって、分節機能と構成機能との間に何らかの連関のあるこ

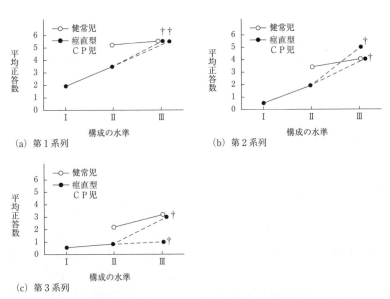

(a) 第1系列

(b) 第2系列

(c) 第3系列

図1-8　構成の各水準における視覚的分解・合成課題の正答数
　† --- 印は、痙直型CP児の個人の正答数。該当人数が少ないため、このようにした。

と、が示唆される。

　ただし同じく図1-8から、構成の水準Ⅱにおいて、健常児の視覚的分解・合成課題の正答数が、どの系列でも痙直型脳性麻痺児のそれよりもかなり多いことがわかる。これは、構成の水準が同じ場合にも、視覚的分解・合成課題において、両群の成績にある程度の違いがあり得ることを示している。

第4項　考察

　本実験の2つの課題における成績から、痙直型脳性麻痺児の分節機能と構成機能がともに低い水準にあること、および、この2つの機能間に一定の連関のあること、が示唆された。

　まず、視覚的分解・合成課題の低成績によって、痙直型脳性麻痺児の分節機能が低い水準にあることが示唆された。

　しかし、その一方、彼らはすべて、弁別テストの全課題に正答しており、また、自己の構成した図形とモデルとの異同に関する質問に対しても、すべての場合に正しく答えることができた。これらのことは、彼らが、モデルを弁別したり、自己の構成した図形がモデルに合致するか否かを正しく判断したりできること、したがって一定の弁別機能を保持していることを意味するであろう。ここから、彼らの視覚的認識機能の中で、図形の異同を弁別する機能（弁別機能）は相応の発達を遂げているが、より高次な機能である図形の諸要素の空間関係を抽象する機能（分節機能）は未発達である、という可能性が考えられよう。

　このことを支持する知見が、バーチとレフォード（Birch & Lefford, 1964）によって得られている。彼らは、脳性麻痺児（類型については不明）が、知覚的弁別の課題では健常児と比べ成績はあまり劣っていないが、知覚的分析と総合の課題では大きく劣っていることを示した。この後の2つの課題は、ともに図形の全体と部分（要素）とを視覚的に関係づけることを要求するものであり、ここで用いられた視覚的分解・合成課題と機能的に共通するものを含んでいると思われる。そして、それら2つの課題においては、知

覚的弁別の課題においてよりも、高次の視覚的認識機能が必要とされると考えられる。

　次に、構成課題の低成績によって、痙直型脳性麻痺児の構成機能が低い水準にあることが示された。これは、痙直型だけでなく、その他の類型の児童を含んだ脳性麻痺児の構成機能に関する研究（Abercrombie, Gardiner, Hansenet al., 1964；Cruickshank, Bice, Wallen, et al., 1965；Nielsen, 1966,；扇地，1971；1978；小枝，2003；干川，2005）の結果と同様である。

　こうして、痙直型脳性麻痺児において、分節機能とともに構成機能が低い水準にあることが示され、さらに、視覚的分解・合成課題と構成課題の両成績との連関から、これらの機能間に一定の連関があることが示唆された。これらの結果は、痙直型脳性麻痺児の分節機能の低さが、その構成機能の低さに関与していることを示唆するものと思われる。このことは、痙直型脳性麻痺児に、部分構成のパターン（構成誤反応のパターン）が見られた、ということからも示唆されよう。というのは、この視覚的分解・合成課題によってとらえられた分節機能は、形態の各要素の空間関係を抽象する機能を表わすと考えられるが、部分構成のパターンにおける誤反応は、1つの要素と他の3つの要素との間、あるいは、要素と全体との間の空間関係を把握しえないことから生じてくる、と考えられるからである。このパターンが行為面における何らかの障害から起こってくる、と言うことはできないであろう。何故なら、4つの要素のうち3つは、自ら正しく配置することができたからである。

　なお、本実験における課題に関して、次の2点が問題として残された。第1点は、両群ともがいずれの課題においても、成績の明瞭な年齢的変化が認められなかったことである。構成課題の成績において、本実験の対象年齢である7-9歳の間の年齢的変化が明瞭でなかったことは、クリュクシャンク・バイス・ワレンら（Cruickshank, Bice, Wallen et al., 1965）や扇地（1978）の結果と異なる。この違いの理由として、本実験の課題の種類が彼らの実験のものと異なっているということが考えられる。しかし視覚的分解・合成課題、構成課題の成績の年齢的変化、あるいは分節機能、構成機能の年齢的変化の問題については、さらに年齢範囲を広げた発達的検討が必要

とされよう。

　もう1点は、構成課題の成績の指標である構成の水準が同じ場合でも、視覚的分解・合成課題の成績に群による違いが見られた、ということである。この違いは、構成の水準の幅が広いために生じてきたものかも知れない。この点は、検討の余地が残されているであろう。

　さて、形態を構成するためには、単にその形態を弁別し、同定できるだけでなく、その構造に関して明瞭な表象を持つ必要がある（Усовой и Сакулиной, 1965）。このことは、形態を識別することと、その構造を認識することとは、分けて考えられなければならないことを意味している、と言える。そして構造を認識する上では、諸形態の異同に関する弁別能力に加えて、新たに分節（化）能力が必要であると考えられる。

　これらのことから、痙直型脳性麻痺児に認められた分節機能の低さ——構成機能の低さと一定の関連があった——は、彼らの構成困難の基礎に、形態の構造を把握する能力の障害がある可能性を示唆するものと思われる。

　このような観点から、脳性麻痺児（種々の類型の子どもを含む）は、図形を認識する上では問題がない（弁別課題の成績によってとらえられた）が、それを構成する上で困難を持つ、とされた先のボートナーとバーチ（Bortner & Birch, 1962）や扇地（1971；1978）の結果を見てみると、それらは、少なくとも痙直型児童においては、より高次な水準の視覚的認識機能の障害が、構成の困難という形をとって表われてきたものと解釈することが可能である。何故なら、形を構成する場合には、それを弁別する場合よりも一層明瞭にその構造を認識する必要があり、したがって一層高次な視覚的認識機能が要求される、と思われるからである。

　以上のことから、痙直型脳性麻痺児の構成障害が、高次な視覚的認識と思われる分節機能の低水準に起因しうること、したがってそれが認識面の障害に起因しうること、が推論されよう。

第5項　残された問題

　痙直型脳性麻痺児の構成障害に関する実験的検討によって、構成障害の要因として、形態の構造を把握する上での障害、すなわち高次な視覚的認識機能の障害の存在が示唆された。とすれば、彼らの構成障害の原因として、今のところ、2つが考えられることになる。1つは、今述べた、形態の構造を認識する際の障害であり、もう1つは、これまで言われてきたような、認識したものを行為のパターンへ変換（翻訳）する過程の障害である。痙直型脳性麻痺児の構成障害は、どちらに起因するだろうか。

　この問題を考えるには、構成行為の機序についての検討が必要である。しかし、これまで、この点の検討は十分ではなかった。そこで、次節においてこの点を検討し、その後、構成障害の生成要因の問題を考察しつつ、構成行為過程における内的な運動（内面化された運動、または運動表象）の作用について述べることにする。

第2節　構成行為の機序

　構成行為は、認識と行為から成る高次な空間的行為であり、それゆえ、行為の中の独立したカテゴリーとして、1つの研究領域を構成してきた。

　しかしながら、構成行為が1つの機能的単位を構成するのか否か、あるいはそれが他の日常的行為などに対して相対的独立性を有するのか否かという問題は未解決である、と言える。そのことを示唆する1つの例は、構成障害または構成失行に関する研究の現状である。すなわち、構成障害は失行や失認という概念によってはその発現機序をうまく説明できず、また、それには知的障害や半側空間無視などの関与も考えられるため、現状では単一の機能障害というよりも、広範な障害を包括する独立性の低い概念としてとらえられている（中村・田中・乾，2003）。

　またもう1つの例は、構成行為や構成障害を研究するにあたって、ときに参照される（たとえば大庭，1996）行為のモデル（Bernstein, 1967；Laszlo

& Bairstow, 1985；他）においては、構成行為の他の行為に対する独自性などは考慮されておらず、したがって、それらのモデルを構成行為研究の枠組みや参照系とすることはあまり有効でない、と思われることである。つまりそれらのモデルにおいては、構成行為が1つのカテゴリーとしては位置づけられていない。

　構成行為の相対的独立性に関して疑問が提出されるのは、何よりも、その機序、あるいはそれを日常的行為などから分かつ固有の特徴が明らかにされていないからだ、と考えられる。

　そこで、ここでは、構成行為の機序に関する理論的な提起を試みることにする。この問題の研究は、理論的には、構成障害の発現機序、あるいは運動と思考との連関を解明していく上などで、また実践的には、構成活動（美術や書写など）や、算数またはクラス包摂関係の指導法（構成行為は論理や概念の外的支え external support として用いうる：たとえば部分集合と全体集合との関係は絵や図などで示し得る）を改善していく上などで、重要な意義を持っている。

　構成行為の機序の検討にあたって、ここではまず、それに関するわれわれの知識の主たる源泉である構成障害の研究においてとられてきた2つの方法論的立場を検討する。それらは、構成行為に含まれる認識と行為とを区別した上で、それらが連合するとする立場（連合主義的・要素主義的観点に立つもの。以下連合説と呼ぶことにする）と、認識と行為は一体である、あるいは共通性を持つとする立場（統一的・全体的観点に立つもの。以下統一説と呼ぶことにする）である。次にそれらを踏まえて、構成行為の機序に関する筆者の仮説を提起することにする。

第1項　連合説

　構成失行の提唱者であるクライスト（Kleist, 1906；1934）は、連合説の観点に立って、図1-9のような構成行為過程の図式をつくった。以下、クライストに従って、彼の考える構成行為過程を説明してみよう。

認識過程（部分認識表象の連鎖）── 結果表象── 行為過程（運動表象の連鎖）

$$
\begin{array}{c}
\text{認識過程} =
\begin{array}{ccccccc}
T_1 - t_1 & & T_2 - t_2 & & T_3 - t_3 \\
| & & | & & | \\
R_1\ O_1 - o_1 - & R_2\ O_2 - o_2 - & R_3\ O_3 - o_3 \\
| & & | & & | \\
s_1 & & s_2 & & s_3
\end{array}
\end{array}
$$

$$
\begin{array}{c}
\text{行為過程} =
\begin{array}{ccccccc}
O_1 - o_1 & & O_2 - o_2 & & O_3 - o_3 \\
| & & | & & | \\
W_1\ K_1 - k_1 - & W_2\ K_2 - k_2 - & W_3\ K_3 - k_3 \\
| & & | & & | \\
i_1 & & i_2 & & i_3
\end{array}
\end{array}
$$

図1-9　構成行為の過程（Kleist, 1906；1934）

R 部分認識表象，T 普遍的触知覚表象，t 個別的触知覚表象，
O 普遍的視知覚表象，o 個別的視知覚表象，W 運動表象，
K 汎運動知覚表象，k 肢節運動知覚表象，s 刺激，i 運動のインネルヴァチオン．

　図1-9の図式によれば、構成行為は、認識過程、行為過程、および両過程をつなぐ結果表象から成る。認識過程（認識像を形成する）は、部分認識表象（すなわち空間形象）の連鎖から成る。部分認識表象は各知覚表象──触知覚表象と視知覚表象は、空間形象の代表的な要素としてこの図式に示されている──が図式のように一定の関係で結合した構造（空間的に規定される）を持ち、知覚表象の属性である空間性を総合したものである。部分認識表象の要素である各知覚表象は、それぞれ普遍的なものと個別的なものとに区別される。視知覚表象の場合で言えば、たとえば前者が長方形だとすれば、後者は煙突や電柱など具体的なものに相当し、両者が結合して一義的な空間形象が発生する。認識とは、部分認識表象が一定の順序で継起する一連の過程（時間的に規定される）であり、その結合の形式を認識形式という。したがって、部分認識表象は認識過程または認識形式の単位である。
　行為過程は、運動表象（または実現表象）の連鎖から成る。運動表象は、各知覚表象が図式のように一定の関係で結合した構造（空間的に規定される）を持つ。それは、身体部分が空間の一点から他の一点へと移動する際に

たどる行程の意識（行程表象）、すなわち運動の道順（たとえば舞踏の際の手足の動かし方）の意識である。それゆえ、運動表象はまた空間表象でもあり、運動の広がりの意識、すなわち知覚表象に共通の空間性を意味する。行為過程の要素である各運動表象は、それぞれ汎性的（全身的）なものと肢節（身体の各部位または分節）的なものとに区別される。行為とは、運動表象が一定の順序で継起する一連の過程（時間的に規定される）であり、その結合の形式を運動形式（運動プログラムとも解釈されよう──筆者注）という。したがって、運動表象は行為過程または運動形式の単位である。

　そして、認識と行為の両過程をつなぐ結果表象は行為の結果の表象であり、同時にその結果を目指して構成するのであるから、行為の目的（目標）の表象でもある。模写または模造の場合は眼前の視覚像がそれに当たる。

　クライストによれば、構成行為は日常的行為に比して視覚機能または視覚的表象機能により強く依存する行為であり、その本質的部分は、それ自身健全な視覚機能と運動機能との高次な統合機能である。そして空間障害である構成失行（構成障害）は、その高次な統合機能、言い換えれば視空間を運動空間に媒介する機能の障害に起因し、その障害は運動表象の空間的規定である構造において生起する（O-K と、o-k との乖離）。したがって、視空間失認や運動失行によるものとは区別される。シュトラウス（Strauss, 1924）は、構成失行の原因をクライストの構成行為過程における結果表象に求めた。運動表象とその継起（運動形式）は、第一義的には行為の結果の表象に規定されるからである。結果表象には視空間性要素と運動空間性要素の両方が内包され、そこにおける媒介機能の不全が想定できる。つまり彼によれば、構成失行は結果表象における認識機能と運動機能を媒介する機能の障害から起こる空間錯誤である。

　こうしてクライストとシュトラウスによれば、構成行為の本質的部分は視覚機能（より限定すれば視空間認識または視覚的表象の機能）と運動機能（または行為機能）との統合機能、言い換えれば視空間を運動空間に媒介する機能であり、構成障害はこの機能の障害から起こる。そして、統合または媒介は、クライストによれば、運動表象の構造（運動表象の要素である各知覚表象の結合関係）、つまり行為過程において遂行され、シュトラウスによ

れば、結果表象、つまり認識過程と行為過程との間に介在する過程において
遂行される。

　第1節で述べたボートナーとバーチ（Bortner & Birch, 1962）と舁地
（1971；1978）の研究は、基本的にクライストやシュトラウスと同じ方法論
的枠組みに従うものである。ボートナーとバーチは、脳性麻痺児の構成の困
難は正確に知覚したものを適切な行為のパターンに変換する能力の障害によ
るとした。

　舁地は次のように推論する。脳性麻痺児は構成機能においては健常児より
劣るが、認識機能においては健常児と同水準にある。つまり、彼らには視覚
的にとらえたものを運動的に構成・表現することの困難が認められる。これ
らは、知覚-運動系の欠陥・歪みを示唆し、それが構成障害を引き起こす。

　ボートナーとバーチ、および舁地によれば、構成行為の本質的部分は知覚
したものを行為に変換する過程または機能であり、構成障害はその過程の障
害から起こる。

　これらに対して中村・田中・乾（2003）は、運動制御の観点から構成障害
を検討した。彼らは、次のように、手指構成障害が運動制御におけるフィー
ドフォワード制御および順モデルの機能障害に起因しうる、と考える。彼ら
によれば、その観点からは、構成障害は次のように考えることができる。

　運動制御において感覚入力から運動出力を生成することは、逆問題を解く
過程であり、中枢神経系は何らかの制約条件を取り入れることによって解を
一意に特定している。このような制約条件を内包した逆問題解決モジュール
が逆モデル（結果から原因への方向の信号に基づく制御）である。原理的に
は感覚入力と逆モデルがあれば、目的とする運動に対応する運動出力を生成
することができる。しかし、感覚信号の時間的遅れなどの問題から、実際の
運動制御には逆モデルだけでは不十分であり、この点を補完するのが順モデ
ル（原因から結果への方向）である。脳に実装されていると想定される順モ
デルは、実際のフィードバック信号（感覚信号または状態変化）を先回りし
て推定・予測するフィードフォワード制御のシステムである。構成行為、す
なわち複雑な視覚運動統合あるいは視覚誘導性運動制御は、視覚入力から運
動出力を生成すること、すなわち視覚入力（視覚イメージまたは視知覚）を

再現するのに必要な運動出力を生成すること、したがって視覚イメージと運動とを統合することである。この観点に立って、彼らは手指構成障害（手指で形をつくることの困難）を示す脳梗塞患者に心的回転を行わせた。刺激（画像）はブロック図形と右手指の2つ、回転方向は平面（前後軸のまわりの回転）と奥行き（水平軸のまわりの回転）の2つである。その結果、右手指の奥行き回転においてのみ選択的な低成績が認められた。これは、この患者が手指のフィードフォワード制御に関わる立体的な心的操作に問題をもつこと（彼らの解釈によれば、奥行き回転の操作が立体的な心的操作を表す）、したがって、彼の手指構成障害は身体順モデル（身体に関する順モデルの障害）の機能障害に起因することを示唆する。

　以上の連合説の主要な共通点は3つある。すなわち、①構成行為における認識の対象（カテゴリー）は視空間であること、②構成行為の本質は認識と行為との統合であること、③統合は行為への変換過程において生起すること、である。

　そして主要な相違点は、クライストのみが、認識と行為との統合は行為過程における空間的な構造を持つ運動表象において遂行され、したがって構成障害は運動表象の構造の障害として表れると考えること、すなわち行為過程から時間的要素を捨象し、それが空間的にのみ規定されるものと考える点である。

第2項　統一説

　統一説の観点に立つ研究のうち、ここではグリューンバウム（Grünbaum, 1930）と秋元（1976）のものを取り上げる。どちらも古典的な理論であるが、今なお重要な問題提起を含んでいる、と思われるからである。

　グリューンバウムは、行為を発達的観点に立って見る。彼によれば、そこに含まれる認識と行為は、はじめ未分化な渾然一体をなしている。その論拠は、幼児においては認識と同時に必ず行為が生起すること（たとえば、幼児は視界に入ったものを何でも手でつかもうとする）、また人間の進化の文脈

においては、認識は個体の行為（身体的行動）によって獲得される（たとえば、認識空間は運動空間の拡大によって拡大される）ものであり、逆に行為は認識によって調整されながら発達すること、などである。やがて成長とともに両者は分化する。この分化に役立つものが象徴化の機能であり、認識が象徴に結びつくことによって、行為からの分離が可能になる。

　認識と行為の分化とともに、自空間（主観的空間）から他空間（客観的空間）が分化してくる——グリューンバウムにおいては、認識と行為の分化と、自空間と他空間の分化の発生的関係が必ずしも明瞭ではない——。このことが構成行為成立の条件となる。なぜなら、彼によれば、それは、とくに空間に関する行為だからである。自空間は、自己身体と手近な空間との動的関係である。つまり、運動感覚 – 視覚 – 運動が機能的に渾然一体をなしている。行為の瞬間にそれに関わる身体部分が自空間から分離して行為の道具としての独立性を獲得し、そのことが他空間分立の土台となる。他空間は、対象の客観的表現とその相互間決定の環境である。しかし自空間と他空間はまったく分離するのではなく、行為を媒介として相互に移動しうる。

　認識と行為とが分化するということは、それらが絶対的に分離するということを意味するのではなく、両者は互いに他の要素を内包するという関係にあることを意味する。認識に関して言えば、もっとも高度の分化形態においても、認識は行為の要素を含んでいる。ただ、その現実的な展開が抑制されているに過ぎない。人が認識するとき、それは必ず一定の行為を予定している。つまり、認識の中に含まれた行為は、現実化に先行する虚性行為である。したがって、認識が結果表象を喚起し、それに行為が続くのではなく、反対に結果表象が認識を規定する。すなわち、認識に基づいて行為が発生するのではなく、行為に基づいて認識が発生する。

　このような観点からグリューンバウムは、失行（行為障害）は認識と行為との分化の退行（分化退行）、すなわち、より原始的な、未分化な混沌への退行であると考える。つまり、失行は失認（認識障害）的要素と失行的要素の相互作用による現象であり、したがって失行＝失認と呼ぶのが適当である。そして構成失行は空間に関する失行＝失認であり、視空間（認識）と運動空間（行為）とともに、自空間と他空間とが未分化な状態に退行したもの

である。

　それゆえ、グリューンバウムによる構成行為の特徴は次の通りである。すなわち、構成行為は空間に関する行為であり、その成立には視空間（認識）と運動空間（行為）の分化とともに、他空間が自空間から分化してくることが必要である。そして後者の分化においては、運動が決定的に重要な役割（両空間の分化の要因としての役割、および両空間を媒介するものとしての役割）を演じる。しかし、認識と行為とは高度に分化しても、完全に分離するのではない。それは、認識がその高次なレベルにおいても運動の要素を含むところなどに表れている。

　秋元（1976）は、失行や失認を孤立的な障害として考察しようとするのはとらわれた見方であり、それらは生全体の立場から総合的に観察されるべきであるとし、構成行為とその障害について次のように考える。

　日常的行為は自動化された行為（自動化性行為）であるが、はじめから自動化されていたわけではなく、また自動化されていても、ある程度まで意識的努力を要する。それゆえ、すべての行為はある程度まで構成行為である、と言える。これに対して構成行為は、非自動化性行為であり、それゆえ、認識と行為との相互作用的関係をもっとも顕著に示す。

　構成行為における認識、すなわち視空間認識は、対象を直接所与（具体空間）として認識するだけでなく、そこから一定の抽象的関係（抽象空間）を樹立することによって成り立つ。その意味で、認識とは主体が客体から受動的に与えられるだけでなく、主体が客体に能動的に働きかけることによって完全に成り立つ。すなわち、すでに認識の中に行為の要素が内在する。とりわけ視空間の認識作用においては、この主体の能動的態度、すなわち運動性要素が強い。その意味において、認識はすでに1つの構成行為である。

　構成失行に関しては、彼の構成失行患者には認識の側から見ても、行為の側から見ても、共通して空間錯誤（症状）と、抽象的空間関係樹立の障害（因子または原因）が認められる。認識の側においてそれらを示唆する症状のいくつかをあげれば、次のようである。

　読書障害：文字の失認はないにもかかわらず、文字の集合から成る語を読むことが困難である。文字の失認がないので、その原因は主として運動性要

素の障害に求められる。と同時に、1文字ずつは読めても、語や文章の認識が困難であるから、部分を全体に組み立てる構成機能の障害が考えられる。

視覚的数認識障害：碁石の数を一瞥のもとに認識することが困難である。しかし触覚的に、つまり順次手にとれば、数えることが可能であり、聴覚的に与えられた刺激の度数も正しく把握できる。ただ視覚的に与えられた事物の数を一瞥で認識することが困難なのである。その原因は、先と同じく視覚的認識における運動性要素の障害に求められる。

幾何学的関係の認識の障害：形態の相違は識別できるが、方向の相違を識別することが困難である。これは、視覚的数認識障害と軌を一にする。次に、行為の側におけるそれらのいくつかあげれば、次のようである。

自己身体による構成行為の困難：自己身体による構成行為を言語的命令によって行う場合、課題が簡単であれば、まったく錯誤なしに行うが、それを視覚的に模倣する場合、左右障害あるいは手指失行と呼びうる状態が生起する。

幾何学的形態の模造：2本のマッチ軸で簡単な形態を模造させると、左右両手でつくったものが鏡像的である。これは視覚的認識機能と運動機能との共働作用の障害を示唆する。

幾何学的形態の模写：方向と形の誤り、部分の脱落が認められる。しかしながら自己の模写とモデルとの異同を識別し得る。つまり、見たように描き得ない。

書字障害（構成失書）：読むことはできても書くことが困難である。また仮名文字よりも漢字の方が困難の度合いが大きい。

このように、これらの患者には空間錯誤、および運動的性格を持つ抽象的空間関係（抽象空間）樹立の障害という共通項が存在すること、幾何学的形態の模造における左右両手の鏡像的構成という症状が視覚機能と運動機能との共働作用の障害を示唆することなどから、失認の中には失行の要素が、失行の中には失認の要素が含まれる、と考えることができる。つまり構成失行における両者は相互作用的関係にあり、むしろ同一障害（抽象空間樹立の障害）の異なる二側面であり、したがって構成失行は「失行＝失認」である。同様に、構成障害と視空間認識障害も絶対的に区別され得ない。つまり、視

覚的に表象し得ないこと（視空間失認）と、それを運動に転化し得ないこと（行為の困難として表れる構成の困難）は、同一事象の二側面である。

こうして秋元によれば、構成行為は視覚機能に依存する空間的行為であり、その本質は、相互不可分の関係にある認識と行為における抽象空間の樹立である。また、その樹立においては能動的態度、したがって運動的要素が本質的に重要な役割を演じる。

グリューンバウムと秋元の共通点は、①構成行為は視空間に関わる行為であること、②そこにおける認識は運動の要素を内在すること、③したがって認識と行為は、同一事象の二側面であって、機械的に分けられないこと、④構成行為の本質的特徴は、低次な空間から高次な空間が分化すること、⑤その分化においては、運動が本質的役割を果たすこと、である。

そして相違点は、空間の高次化をグリューンバウムが自空間（主観的空間）から他空間（客観的空間）へと規定しているのに対し、秋元は具体空間から抽象空間へと規定している点である。

第3項　連合説と統一説の比較

連合説と統一説の共通点は、構成行為が認識と行為の2つから成ることと、それが空間（感覚モダリティーの相違に応じて、視空間、触空間または触運動空間となる）に関わる行為であることの2点である。この2点は、両説を含め、構成行為に関する研究のおよそすべてに共通しており、その意味では確立された見方であると言えるであろう。したがってここで言う認識と行為は、常に空間的認識であり、かつ空間的行為である。

では、相違点は何だろうか。行為については、クライストのみが、行為過程に含まれる運動表象において統合が遂行され、したがってそこで統合障害が生起するとしている以外は、両説とも、それを構成行為固有の特徴を担う過程としても、構成障害発現の要因としても位置づけていないので、相違は、主として認識と、認識と行為の関係の2つにおいて生じることになる。そこで以下、この2つに関して述べる。

1．認識

　連合説は、構成障害発現の原因は認識にはない、とする。なぜなら、構成障害を示す被験者が構成すべき対象（形態）を正しく弁別できるからである。そこで連合説は、その原因を認識と行為との統合または変換の過程に求める。すなわちそれらは、視覚機能と運動機能との統合機能（または視空間を運動空間に媒介する機能）の障害（クライスト；シュトラウス）、正確に知覚したものを適切な行為のパターンに変換する機能の障害（ボートナーとバーチ）、知覚－運動系の欠陥・歪み（扇地）、あるいはフィードフォワード制御の困難（および身体順モデルの機能障害）（中村・田中・乾）、である。

　これに対して統一説は、認識の側から見れば、構成障害は高次なレベルの空間認識の障害に起因しうるとする。なぜなら、認識と行為から成る高次な空間を構成行為の本質ととらえるからである。筆者はこの観点を支持する。その理由は次の通りである。

　第1節で引用した仲山（1984）によれば、ある形態を弁別できるということは、その形態を一定程度認識していることを示すものではあっても、その形態の構造をも明瞭に把握していることを示すものではない。なぜなら単にある形態の異同を弁別する場合には、その構造に関する明瞭な表象は必要とされない（Усовой и Сакулиной, 1965）からである。形態の構造の把握——構成要素の空間的相互関係の抽象、すなわち分節化——はそれを構成する際にとりわけ必要とされるので、形態の弁別はできるが構成が困難というとき、構造の認識の障害、すなわち高次な認識における障害の可能性が考えられなければならないであろう。

　実際、彼（1984）は、構成障害のある痙直型脳性麻痺児に関して、彼らの弁別機能には問題はないが、分節化の機能は低水準にあること、その機能と構成機能との間に正の連関があることを示した。また、積山・竹村・福田他（1984）は、脳性麻痺児の積木構成課題における行動の詳細な分析を通して、彼らの構成の困難が空間表象の操作、あるいは感覚入力の構造化の困難から起こり得ることを指摘した。これらの実験的研究は、認識の側から見れば、構成障害が高次な認識機能の障害から起こりうることを示唆している、

と言えよう。

2．認識と行為の関係

　連合説は構成行為を認識と行為とに分け、両者の統合または変換の過程を
その本質と、とらえる。したがって認識と行為との間には、情報の交換・伝
達の他に特別の関係はないことになる。

　一方の統一説によれば、構成行為における認識と行為は同一事象の二側面
である。したがって両者は機械的に分けることができず、認識は運動の要素
を内包する。そして構成行為の本質である低次空間から高次空間への分化に
おいても、運動が本質的役割を演じる。すなわち統一説においては、認識
と、行為またはその要素である運動とは不可分である。

　この点に関して多くの研究は、形態または空間の弁別や同一視
（identification）のような比較的低次な認識（ここでは、このような低次な
認識を知覚と呼ぶことにする）においても、分節化のような高次な認識にお
いても、それが運動的要素を含んで成立することを示唆している。

　たとえば、それらは、「はじめに」で述べた、先天的に視覚が閉ざされた
患者の開眼手術に関連する事例（梅津・中谷，1967；鹿取，1968）や、空書
の実験（佐々木・渡辺，1983；佐々木，1984）などである。

　こうして実験データは、構成行為の成否と高次な空間認識の成否との間、
および空間認識の形成それ自体と運動との間に深い関係があることを示唆し
ている。これらのことは、統一説の主張を支持するとともに、クライストが
構成障害の原因を空間的に規定される要素（運動表象）にのみ求め、そこか
ら時間的に規定される要素（運動表象の連鎖＝継時的過程）を捨象した点が
実態にそぐわないことを示唆するであろう。そこで以下、統一説を土台に、
さらにそれを発展させるための議論を展開してみることにする。

第4項　構成行為の機序に関する提起

　統一説によれば、認識と行為から成る構成行為における中枢は、その両者

が不可分に結びついた高次な空間（秋元によれば抽象空間、グリューンバウ
ムによれば客観的空間）であり、したがってそれが構成行為の本質的要素で
ある。そして形成の観点からすれば、この高次な空間は低次な空間（同様に
具体空間、主観的空間）から分化してきたものである。

　実験データはこの説を支持する。しかしながら、そこにはいくつかの不十
分な点が認められる。それらの主たるものは、高次空間の特徴やその作用、
および低次な空間が十分明瞭に規定されていないことである。そこで以下、
両空間の明瞭化を試み、それを通して構成行為の機序に関する作業仮説を提
起することにする。

1.　高次な空間——抽象空間

　ここでは、高次な空間に関して、その機能的な特徴と、低次な空間に対す
る作用について述べる。はじめに、高次な空間の内容を明示しておくことに
する。

　構成行為は認識と行為から成るのであるから、その中枢である高次な空間
は、当然その2つの表象を含む。認識的表象は、目前の、または記憶におけ
る構成すべき対象（知覚像または記憶像）を指す。それは構成行為の結果で
もあり、また同時に目標でもある。一方、行為的表象は、構成行為の過程を
指す。したがって、高次な空間には、結果（認識）と、結果に至る過程（行
為）の表象が含まれることになる。

(1) 機能的特徴

　＜認識＞高次な空間の機能的特徴について、まず認識の側から検討する。

　構成障害の症状は、秋元（1976）によれば、大きく形態の構成の困難と、
それ自体正しい形態の方向づけの困難（たとえば正方形を模写する際に、正
方形を回転させて描き、結果として菱形のような形になることなど）との2
つに分けることができる。空間認識の観点から見れば、これらの困難は、前
者が形態の構造把握の問題として、後者が方向認識の原点である視点の取得

の問題としてとらえることができる。つまり、構成行為の成否は、認識の側から見れば、構造把握と視点取得の成否による、と言うことができる。とすれば、高次な空間には、それらを実行しうる機能が備わっていなければならず、またそれらの機能が高次な空間を特徴づける、ということになる。そこでこれら2つの機能について述べるが、構造の把握についてはすでに述べたので、視点取得について述べる。

ピアジェとイネルデ（Piaget et Inhelder, 1948）は、幼児の視点取得の困難は彼らに空間的自己中心性（égocentrisme spatial）が存在するからだと考える。この考えを導いた実験の1つが、有名な「3つの山」（Les trois montagnes）の問題（Piaget et Inhelder, 1948, p.250）を用いた実験である。

1メートル四方の厚紙の上に、色、形、大きさの異なる3つの山を、見る地点（4辺）によって山の位置関係が異なるように配置し、各辺からの見えを問うと、4、5歳の子どもは専ら自己のいる地点からの見えを答える（自己中心的反応）が、9、10歳の子どもは他者の視点からの見えに気づくようになる。4、5歳の子ども、すなわち自己中心的反応の段階の子どもは、自己の視点に固定され（fixé）、自己以外の視点を想像することができず、自己の視点に還元することによってしか一群の山を表現できない（Piaget et Inhelder, 1948, pp.286-289）。したがって、空間的自己中心性を脱却し、他者視点からの見えを想像できるようになることが、視点取得（＝他者視点取得）である。

この自己（視点）から他者（視点）へという発達的変化の方向は、グリューンバウム（Grünbaum, 1930）の描く自空間から他空間が分立するという変化の方向と基本的に同じである。

しかしながら、モース（Morss, 1987）や鈴木（1996）によれば、他者視点の取得が可能になる前の幼児に自己中心的誤答が多いという確かな実験データはなく、むしろその段階の幼児は、目前の対象をまわりのものに関係づけて認識するか、あるいは対象の優勢な特徴をもとにした部分的な視点取得を行う。そしてモース（Morss, 1987）によれば、幼児にとっては、自己視点を含めて単一の視点からの見えにそって外界を表象すること、あるいは対象をある視点に対応する見えとして表象することは困難である。

　彼らの研究を考慮すれば、自己視点の取得と他者視点の取得との間に発達
段階上の区分を設けるのではなく、むしろ両視点を1つのカテゴリーとして
一括し、視点の未取得または非意識的な段階と、その取得または意識化の段
階（視点を任意に設定できる段階）との間に発達的区分を設ける方がより適
切である、と言える。というのは、1つの視点に立つ（視点を取得する）と
いうことは1つの参照系に立つということであり、したがってその視点また
は参照系と対象とを一定の関係に位置づける、あるいはそれらの一定の関係
を客観化し、相対化するということであり、この点においては、自己視点も
他者視点もまったく同じであるからである。とすれば、自己視点は何ら特別
のものではなく、任意に設定しうる諸視点の1つに過ぎないことになる。
　実は、自己視点も、他者視点と同様に、想像作用によって捉えられなけれ
ばならないもの、すなわちイメージ上の事象であると考えられる。何故な
ら、自己視点それ自体は直接知覚され得ないからである。宮崎・上野
（2008）は、自己を把握することに関して次のように述べる。

　　　自己を知覚するためには、自分を直接視野の中に入れる必要はないの
　　である。むしろ、対象の見えやその変化のあり方の中に自分の視点の位
　　置やその動き方の情報が含まれており、それを知覚するということなの
　　である。（pp.81-82）

この記述が意味するのは、眼の前の変化する空間の中に、対象に関する情
報とともに自己に関する情報が含まれており、それを捉えることが、自己ま
たは自己視点を同定することだということである。だとすると、自己視点
も、現実の「見え」の変化から目前には存在しない視点を抽象するのである
から、他者視点と同様に、イメージ上の事象だということになる。ただしそ
のイメージは、具体的なもの、つまり外界の事物や布置の映像または模写で
はなく、抽象的（または高次）なものだと推測される。というのは、他者視
点の場合も自己視点の場合も、パースペクティブ（知覚空間）から自己視点
を抽象しなくてはならない（他者視点の場合は、抽象した自己視点を他者の
位置に置く、ということになる）からであり、また両視点とも可動的である

からである。このようにイメージまたは想像を具体的な（または低次な）ものと抽象的な（または高次な）ものとに区別するのは、たとえば、第3章で述べるピアジェとイネルデ（Piaget et Inhelder, 1948）における内的運動（actions intérioriées）と体系的な内的運動との区別とパラレルである（仲山，2015）と見ることができよう。

　とすれば、視点取得研究においては、自己視点も他者視点も抽象的なイメージ上の自己視点であり、主要な相違は自己視点からの見え、またはパースペクティブが知覚空間であるのに対し、他者視点からのそれがイメージ空間であるという点のみである。

　ただし鈴木（1996）は、視点取得の段階において、さらに自己視点取得（自己視点からの trey 反応——正しい空間関係の把握を示す反応——の生成）と他者視点取得（他者視点からのそれ）とを区別し、前者から後者へという方向を設定している。同様の観点は、「はじめに」の章で述べたように、シルダー（Schilder, 1923；1935）の身体図式論にも認めることができる。彼によれば、外的空間または対象空間における方向は、自己身体の空間像である身体図式（身体空間）を外界に投影してはじめて認識できる。しかしながら鈴木やシルダーのこの区別は、発達段階の相違ではなく、設定される視点の位置による方向認識の難易度の違いを表している、ととらえるのが自然である。というのは、ある地点からの空間関係の把握は、視点取得能力（空間認識能力）がたとえ同じレベルにあったとしても、その地点に実際に立って見る方が、別の地点から見るよりも把握しやすいからである。したがって両者は同じ機序を持つ一つの事象の二側面である、ととらえるのが妥当である、と考えられる。

　こうして、視点の未取得から取得への段階的変化という観点に立てば、空間の高次化は、自空間（主観的空間）から他空間（客観的空間）へ（Grünbaum, 1930）という変化ではなく、具体空間から抽象空間へという変化（秋元，1976）としてとらえるのが適切である、と言える。何故なら、前者において含意されているのが視点の位置であるのに対し、後者のそれが空間のレベルだからである。

　それゆえ、高次な空間は抽象空間と表すべきであるが、物理的空間ではな

く、表象（心理）的空間であることを明示するために、表象を加えて、以下「抽象的空間表象」と表すことにする。そして低次な空間も、それに連動させて、「具体空間」と表すことにする。

　抽象的空間表象を特徴づける構造認識と視点取得の２つの機能は、ともに運動的な性格を持っている。そこで次に、この点を述べる。

　＜運動的性格＞まず構造認識の運動的性格から述べる。形態の構造の把握すなわち分節化は、形態全体を要素に分解することであると同時に、要素を全体の然るべき場所に位置づけることでもある。これらを正しく実行するためには、頭の中で全体と要素（部分）とを相互に関係づける試行錯誤の過程が必要とされよう。したがってその際には、要素を内的（仮想的 virtual）に動かす運動の過程が進行する、と推測される。第 1 節で述べたように、仲山（1984）は、構成障害を示す痙直型脳性麻痺児の分節化の機能を測るために、彼らにヴェンゲルとホルムスカヤ（Венгер и Холмовокой, 1978）の視覚的分解課題を実施し、その成績と構成課題の成績との間に正の連関を見出した。この課題は、必要な複数の要素の同定と、それらを頭の中で回転させたり、裏返しにしたりする心的な操作が要求されるものであった。その成績と構成課題の成績との間に正の連関があったということは、構成行為においてはこのような内的な運動が働いていることを示唆する、と言えるであろう。

　次に視点取得に関しては、他者視点からの刺激布置の空間関係を答えさせる課題において、被験者自身の他者視点への移動経験や、刺激布置を自ら回転させる操作の経験がその成績を向上させるという事実（鈴木, 1996）が報告されている。この事実は、実際の運動が空間関係の把握に対する促進効果を持つこととともに、その促進効果を媒介する内的な運動が作動すること、つまり視点取得が内的な運動によって遂行される可能性を示唆しているであろう。

　このような高次な抽象的空間において機能する内的な運動の概念は、他の研究においても見出すことができる。それらは、心的回転過程を指す内的運動過程（covert motor processes）（Wexler, 1998）あるいは動作の心的シミュレーション（中村・田中・乾, 2003）、そして文の記憶に対する行為化

の効果を媒介する運動イメージ（kinetic imagery または motoric imagery）
（Marmor, 1975；Saltz & Dixon, 1982）の概念などである。これらは外的起
源（身体運動）を持つと同時に内的過程でもあり、また高次な認識の生成に
関与するという意味において、ここで言う内的な運動と同種のものだと思わ
れる。

　こうして、抽象的空間表象の認識的側面を特徴づける構造の把握と視点の
取得は内的な運動によって遂行される、と考えることができる。このこと
は、認識的表象が内的な運動によって形づくられること、逆に言えば内的な
運動を総合したもの、あるいはその帰結が認識的表象であることを意味す
る。

　内的な運動は対応する実際の運動を前提（あるいは起源）とする。たとえ
ばそれは、心的回転の場合は手で回転する操作であり、文の行為化の場合は
動詞が指示する実際の動作である。構成行為において想定されるそれは、実
際に手で形態を描いたり、組み立てたりする行為または運動、つまり実際の
構成行為である、と言える。そしてそれが内面化され、抽象化されたものが
内的な運動である。したがって、認識的表象が内的な運動によって形づくら
れるということは、それが行為的表象によって形づくられる、あるいは行為
的表象過程の総合あるいは帰結が認識的表象である、ということである。

　こうして認識と行為の両表象から成る抽象的空間表象は、実質的には内的
な運動によって形づくられることになる。

　ではこの抽象的空間表象は実際の構成行為においてどのような役割を演じ
るだろうか。これは、具体空間に対するその作用の問題である。そこで次に
それを述べる。

⑵ 低次空間（具体空間）に対する作用

　具体空間は、個々の空間的対象を把握する入力（認識）の過程と、それを
運動によって空間的に再生する出力（行為）の過程から成る、と考えられ
る。これらを具体空間という概念で概括するのは、それらが空間に関して展
開される、具体的な構成行為の過程であるからである。

　ただしそれらを、ここでは、従来のような認識過程と行為過程ではなく、「知覚過程」と「運動過程」と呼ぶことにする。知覚過程と呼ぶのは、具体空間における認識——弁別や同一視のような低次で具体的な認識、すなわち知覚——のレベルを、抽象空間における認識（分節化のような高次で抽象的な認識）のレベルから区別するためである。

　また運動過程と呼ぶのは、具体空間における内的な運動のレベルを、抽象空間におけるそれのレベルから区別するためである。抽象空間における認識的側面と同様に、具体空間における知覚も、実際の運動に由来する内的な運動によって形づくられる、と推測される。このことは、多くの研究者（Sherrington, 1951；Запорожец, 1960；Held& Hein, 1963；Kephart, 1971）が指摘する知覚と運動との相互不可分な関係が示唆するであろう。たとえばザポロージェッツ（Запорожец, 1960）によれば、視知覚は短縮化された定位的行為であり、またケファート（Kephart, 1971）によれば、知覚は運動に対応づけられてはじめて正常な機能を発揮し、運動は知覚に先導されてはじめて正しく機能する。

　しかしながら抽象空間（抽象的空間表象）における内的な運動が高次な認識を形づくるのに対し、具体空間におけるそれは低次な認識（知覚）を形づくるので、両者の間にはレベルの相違が存在すると考えるのが自然であろう。このことに関連して、内的な運動と同種の概念である内的運動（actions intérioriées）の概念を提出したピアジェ（Piaget, 1946；1948；1949）は、操作期の操作（opération：思考操作を指すが、実質的にはイメージ操作または想像のことである）を形成する体系的な内的運動を、前操作期のイメージ（image mentale）を形成する単なる内的運動とは区別している（第3章）。そこで、具体空間に対応するものを「低次かつ内的な運動」または単に「内的な運動」——低次な運動表象に当たる——とし、抽象空間に対応するものを「高次かつ内的な運動」——高次な運動表象に当たる——として、区別することにしよう。

　こうして、構成行為は3つの要素、すなわち抽象的空間表象と、その下に位置する互いに独立した知覚過程と運動過程から成ることになる（図1-11参照）。

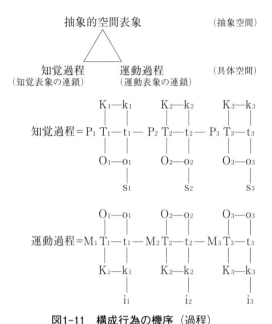

抽象的空間表象　　　　　　　（抽象空間）

知覚過程　　　　運動過程　　　（具体空間）
（知覚表象の連鎖）　（運動表象の連鎖）

$$
\text{知覚過程}=P_1\,T_1{-}t_1-P_2\,T_2{-}t_2-P_3\,T_3{-}t_3
$$

with $K_1{-}k_1$, $K_2{-}k_2$, $K_3{-}k_3$ above and $O_1{-}o_1$, $O_2{-}o_2$, $O_3{-}o_3$ below, s_1, s_2, s_3.

$$
\text{運動過程}=M_1\,T_1{-}t_1-M_2\,T_2{-}t_2-M_3\,T_3{-}t_3
$$

with $O_1{-}o_1$, $O_2{-}o_2$, $O_3{-}o_3$ above and $K_1{-}k_1$, $K_2{-}k_2$, $K_3{-}k_3$ below, i_1, i_2, i_3.

図1-11　構成行為の機序（過程）

P 知覚表象，O 普遍的視知覚成分，o 個別的視知覚成分，
T 普遍的触知覚成分，t 個別的触知覚成分，K 汎運動知覚成分，
k 肢節運動知覚成分，M 運動表象，s 刺激，i 運動のインネルヴァチオン．

　では、なぜ密接に結合する知覚と運動とを相対的に独立した過程として具体空間に位置づけるかと言えば、実際の構成行為の過程では、高次な視空間認識（抽象的空間表象）とは異なり、一定の発達に達すれば、同時的な知覚の過程と継時的な運動の過程とが相対的に区別され得るからである。それは、構成行為に対する脳損傷の影響における半球差の存在（Piecy, Hécaen & Ajuriagerra, 1960；Warrington & James, 1967；Hécaen & Albert, 1978；Laeng, 2006）が示唆している。エカンとアルベール（Hécaen & Albert, 1978）の仮説によれば、右半球病変が結果するのは視空間の知覚障害であり、左半球病変が結果するのは行為のプログラミングの障害に起因する執行（execution）障害である。

　形成の観点から言えば、抽象的空間表象が具体空間から分化してくるとともに、これら知覚過程と運動過程の分化が進行する、と考えられるであろ

う。では、分化してきた抽象的空間表象は、両過程に対してどのような作用を及ぼすだろうか。

　目前の形態を構成する。つまり眼で見たものと同じものを手で再生する、あるいは眼と手が協働するためには、少なくとも2つの過程を結びつける共通項が存在しなくてはならないであろう。筆者はそれらが、両過程の単位とその連鎖（結合の形式）である、と考える。このことは、次のルリアとツベトコワ（Luria & Tsvetkova, 1964）の研究が示唆している。

　彼らによれば、構成行為には2つの形式がある。1つは再生的（reproductive）または直接的な形式であり、もう1つは生産的（productive）または間接的な形式である（図1-10）。前者は構成過程が知覚パターンに直接規定されるもの、すなわち知覚される構造的パターンを解読する必要がないものである。そして後者は、単位（要素）が直接的な知覚パターンと一致せず、それゆえ知覚パターンが解読されなければならないもの、すなわち視覚的に知覚した単位の解読（decode）と、構成の単位への再符号化（recode）が必要なものである。

　彼らは、構成行為の困難な脳の前頭葉病変患者（U）にコース立方体ブロック（図1-10参照）による構成課題を行わせた。その結果、Uは再生的形式の構成は遂行できたが、生産的形式の構成は困難であった。そこで、構成を促進するために、行為の連鎖を明確に記した教示（プログラム）を与えた。それは、たとえば①必要なブロックの数を見つけなさい、②上から図形をつくり始め、右から左にブロックを並べなさい、③第1行にいくつ四角があるか数えなさい、などの指令から成る。これらを1つずつ読ませながら、対応する行為を実行させた結果、Uは課題を遂行することができた。この場合、Uの構成困難の基礎にある欠陥は

再生的形式　　　　生産的形式

図1-10　構成の再生的形式と生産的形式
(Luria & Tsvetkova, 1964)

〈再生的形式〉
知覚の単位：四隅の各正方形（計4）
構成の単位：知覚の単位と同じ
〈生産的形式〉
知覚の単位：上下左右の各三角形（計4）
構成の単位：四隅の各正方形（計4）

連続的行為のプログラミングの損失であり、呈示されたプログラムはそれを補償するよう働いた。

　Uが行為のプログラムを用いて構成行為に成功したということは、それによって知覚（パターン）の単位とその連鎖を解読し、構成の単位とその連鎖へ再符号化した、つまり構成の単位とその連鎖によって対象の知覚を再構成した（対象の構造を認識した）、ということである。

　したがって、知覚の単位とその連鎖を運動のそれらと等しく（等価に）することが、構成行為成立の要件であり、かつ抽象的空間表象の両過程に対する統合作用である、と言うことができる。そこで次に、その統合作用について具体的に述べる。

2．低次な空間——具体空間

　ここでは、知覚過程と運動過程の単位とその連鎖を共通化するという要請を満たす両過程の機序を示すことにする。ただしその作業を、クライスト（Kleist, 1906；1934）の図式（図1-9）を土台とし、それに変更を加える形で行うこととした。構成行為における知覚と運動の過程に関しては、それが未だにもっとも精密な図式であると思われるからである。

　変更した点は主として3つである。第1は、先述の通り、クライストの図式における認識過程と行為過程を、それぞれ知覚過程と運動過程とした点である（図1-11、以下同じ）。その理由は、両過程が抽象的空間表象の下位にあって、その制御を受けるものであることを示すためである。これと連動して、認識過程の単位である部分認識表象を「知覚表象」に、また部分認識表象の要素である知覚表象を「知覚成分」に変更した。

　第2は、クライストの図式においては、認識過程（知覚過程に当たる）の単位である部分認識表象（知覚表象に当たる）の要素は、視知覚表象（視知覚成分に当たる）と触知覚表象（触知覚成分にあたる）のみであったが、それらに運動知覚成分を加えた点である。抽象的空間表象における認識的表象と同様に、具体空間における知覚が内的な運動によって形づくられるとすれば、運動知覚成分は、他の2者とともに、その必須の要素だからである。

　第3は、クライストの図式においては、行為過程（運動過程に当たる）の単位である運動表象の要素が視知覚成分と運動知覚成分のみであったが、それらに触知覚成分を加えた点である。触知覚は常に運動知覚とともに生起するので、それらの表象を分離するのは不自然だからである。

　そして継承した点は主として3つである。第1は、両過程は空間的構造を持つ単位（知覚表象と運動表象）が時間的に連鎖することによって遂行される、という点である。両過程とも、互いに他を規定する空間的要素と時間的要素の2つが必須である、と考えられるからである。

　ただし、クライストは構成障害の原因を空間的要素（運動表象）にのみ求め、そこから時間的要素（運動表象の連鎖）を捨象した。すなわち、構成行為過程から時間的要素を捨象し、それが空間的にのみ規定されると考えた。先述のように、認識（構成行為の結果、すなわち空間的構造）と運動または行為（構成行為の過程、すなわち時間的連鎖）との密接な連関からすれば、この見方は適当でないと思われるので、筆者は空間的構造と時間的連鎖が一体となって両過程を構成する、と考える。

　第2は、両表象の要素（成分に当たる）は一般的（普遍的あるいは汎性的）なものと特殊（個別的あるいは肢節的）なものとに分かれるという点である。確立された構成行為の機序またはシステムは、一定の汎用性を持ち得るであろう。したがってそれを実現するために、一般的なものと特殊なものとが整然と分化しているというのは、当然の有り様であると考えられるからである。

　第3は、各単位の構成要素（クライストでは知覚表象、ここでは知覚成分）の基本的な結合関係である。クライストの図式における結合関係の主眼は、各構成要素が相互に関係し、構造を成すということであると、とらえられる。その主旨でそれを継承した。

　こうして得られる知覚過程と運動過程に関する機序は、次のようである。

　具体空間を構成する知覚過程と運動過程は相対的に別の過程であるが、抽象的空間表象によって統合される。統合とは、具体的には両過程の単位とその連鎖を共通化することである。

　知覚過程の構成単位は、知覚表象である。知覚表象は、その構成要素であ

る視知覚成分、触知覚成分、および運動知覚成分の、それぞれ一般的（普遍的あるいは汎性的）なものと特殊（個別的あるいは肢節的）なものが、一定の関係で相互に結合した空間的構造を持つ。このような空間的構造（単位）の時間的連鎖が知覚過程を構成する。運動過程の構成単位は、運動表象（低次な運動表象すなわち単なる内的な運動）である。この運動表象は知覚表象と共通の空間的構造（単位）と時間的連鎖を持つ。

　以上述べてきたことを、図1-11の図式とその説明によって総括しよう。これらが、構成行為の機序に関する筆者の作業仮説である。図1-11の図式に基づいて、構成行為の機序を述べれば、次のようである。

　構成行為は空間に関わる行為である。空間は抽象空間と具体空間の２つのレベルに分けられる。前者を体現するのが抽象的空間表象であり、後者のそれが知覚過程と運動過程である。すなわち構成行為は、これら３つの要素から成る。

　抽象的空間表象は、空間に関わる分節化と視点取得の機能を有し、それらによって正確な認識的表象（構成行為の結果または目標）を獲得する。分節化と視点取得は、実際には行為（構成行為の具体的な過程）を起源とする高次かつ内的な運動（高次な運動表象）によって実行されると考えられるので、認識と行為の両表象は等しいこと（等価）となる。すなわち認識的表象と行為（運動）的表象から成る抽象的空間表象は、実質的には高次かつ内的な運動によって形づくられる。

　具体空間を構成する知覚過程と運動過程は、それぞれ知覚表象と運動表象を単位とする。両過程の分化は、抽象的空間表象と具体空間の分化とともに進行する、と考えられる。分化してきた抽象的空間表象は、構成行為における中枢として両過程を統合する。この場合の統合とは、知覚表象と運動表象における空間的構造とその時間的連鎖を共通化することであり、空間的構造とは、その構成要素である知覚成分の一般的なものと特殊なものが、一定の関係で結合した空間的相互関係である。

　こうして抽象的空間表象が構成行為の本質的要素であり、またその形成が構成行為成立の条件である、と言える。

第 3 節　本章の総括──痙直型脳性麻痺児の構成障害の要因

　本論文における構成行為の機序の検討を通して、筆者はその本質的要素が抽象的空間表象であり、それは内面化された自己身体の運動、つまり自己身体の運動の表象のうちの、高次なもの、すなわち高次かつ内的な運動によって形づくられる、と述べた。したがって、構成行為の機序に関するわれわれの認識の中核にあるのは高次かつ内的な運動であると考える。この場合の高次というのは、発達的観点から見た高次という意味、すなわち発達の高次な段階で（発達の後期に）、新たに（創発的に）出現するという意味である。

　では、構成障害の要因は構造認識の過程にあるのか、それとも認識から行為への変換過程にあるのかという、先に提起した問題に対しては、どのような答えを与えられるだろうか。

　形態を正しく構成するためには、ただ単にその形態を他から区別できるだけでなく、その形態の空間的構造をも正しく把握する必要がある。構造を把握するということは、それを形づくる各要素を分節化し、各要素の空間的相互関係を抽象するということである。そして各要素を分節化するという過程は、それらを分解する、あるいは組み立てる行為の表象を描くという過程（行為のプランニングあるいはプログラミングの過程に相当するであろう）と重なり合っていると思われる。したがって形態の構造の認識それ自体の中に、それを形づくる行為、あるいは手続きの表象が包含される。このことを示唆するものとして、運動覚性促通（石合，2000）や空書（佐々木，1984）の現象など（「はじめに」の章参照）をあげることができよう。これらはともに、視覚的記号である文字が運動の情報を包含して成立すること、およびその運動情報の操作によって文字の認識が制御され得ることを示唆しているからである。

　秋元（1976）によれば、構成行為における構成すべき対象の認識（視空間認識）は、対象を直接所与（具体空間）として、具体的、受動的に認識するだけでなく、そこから空間的関係（構造）（抽象空間）を能動的に抽象することによって完全に成り立つ。すなわち認識の中に、能動的態度、すなわち

行為（運動）の要素が内在する。したがって、構成失行症者に見られる視空間失認（視覚的に表象しえないこと）と、行為の困難として表れる構成の困難（表象を運動に転化し得ないこと）は、抽象空間樹立の障害という同一障害の二側面である。

　以上の観点に立てば次のように言うことができる。

　①構成行為における形態の構造の認識過程と認識した形態を行為のパターンに変換する過程は、高次かつ内的な運動が形づくる抽象的空間表象によって遂行される同一事象の２つの側面である。

　②ただし、抽象的空間表象は、認識の側から見た言い方であって、高次かつ内的な運動を短縮化された形で包含する同時的な表象であり、また高次かつ内的な運動は行為の側から見た言い方であって、抽象的空間表象に基づいて展開される内的な運動の連鎖から成る継時的過程である。

　③ＣＰ児の構成障害は、抽象的空間表象樹立における障害が、一方では構造認識の障害として、他方では認識したものを行為に変換する過程の障害として表れてきたものである。

　④したがって、彼らの構成障害の要因は、唯一つ、高次かつ内的な運動によって形成される抽象的空間表象が未形成であること、である。

　こうして空間的構造の把握のような高次な空間表象の形成（秋元によれば抽象空間の樹立）においては、高次な運動の表象である高次かつ内的な運動が、その必須の形成要因として関わる。この場合、高次かつ内的な運動は、実際の運動が個々の運動の連鎖から成るのと同様に、表象における要素運動の継起、すなわち継時的な過程の表象であり、これに対して抽象的空間表象は、他の認識的表象と同様に結果の表象であると言える（仲山，2010・2011）。この運動の連鎖、すなわち継時的過程と、同時的で、全体的な結果の表象との関係は、ヴィゴツキー（Выготский, 1956，訳書，下，p.235ff.）の言う、言語と思想との関係に準えることができよう。というのは、この場合の言語は外言を、そして思想は内言の意味を指し、前者は継時的過程——外言または言葉（言語）の上では個々の単語から成る——であるのに対して、後者は同時的、全体的な存在——思想の上では個々の要素を全体として、同時に見る——である、つまり、彼によれば、「思想のなかでは同時に

存在するものが、言語の中では継時的に展開する」（同 p.235）からである。

　そして継時的過程である高次かつ内的な運動は、同じく継時的な過程と考えられる空間的思考操作でもあると見なすことができる。なぜなら、ともに対象の分解と合成（部分と全体との関係の構築）、言い換えれば構成要素の抽象と、それらの空間的および時間的な配列の過程であり、かつその過程は新しい空間または空間的構造を生成するからである。したがって空間に関する限り、高次かつ内的な運動は思考操作に等しいと言える。

　では、その高次かつ内的な運動は、他の類似の諸概念とどのような関係にあり、またどのように規定されるだろうか。

第2章
抽象的運動の概念の導入

　これまでの議論によれば、内面化された自己身体の運動（運動表象）、すなわち内的な運動は、発達レベルの相違によって低次のものと高次のものとの二つに区分することができる。低次な運動表象は、知覚の形成に関与するもの、あるいはその不可欠の要素として包含されるものであり、知覚と運動との結びつきは直接的であると言える。したがって、この場合の内的な運動（運動表象）は非意識的で、かつ眼前の対象または知覚の拘束を受けると考えられる。この低次かつ内的な運動と知覚との連関、あるいはその認識的役割については、大方の研究者の見方が一致していると言えよう。というのは、知覚が運動的要素を包含することによって成立することは、多くの研究（Запорожец, 1960；Held & Hein, 1963；Saltz, Dixon, Johnson, 1977；Saltz & Donnenwerth-Nolan, 1981；Saltz & Dixon, 1982；鳥居，1982；佐々木，1984；白岩・林，2009）が示唆しているからである。

　低次かつ内的な運動との直接的な結びつきは、心的画像（mental picture）であるイメージ（Johnson, 1987, p.155）においても、同様であろうと思われる。というのは、この場合の知覚は、たとえば構成行為においては、目前の構成すべき形態の知覚像であるが、記憶に基づいて構成する場合には、形態の視覚イメージまたは記憶イメージに相当し、したがってその場合にも同様の内的な運動過程が進行すると推測されるからであり、またイメージが運動によって形成されることもまた、有力な見方である（Piaget, 1948；Johnson, 1987；他）からである。

そして自己身体の運動（運動表象）のうちの高次なもの、すなわち高次かつ内的な運動（高次な運動表象）は、第1章で述べたように、空間に関する限り、思考操作の過程に等しいと見ることができる。すなわち構成行為の例で言えば、形態の構造を把握する際に遂行される、形態の構成要素を抽象し、それらを自由に動かす内的な思考操作は、高次かつ内的な運動に相当する。この高次かつ内的な運動と思考との連関は思考を運動との類似においてとらえるアプローチの中心的問題であるが、これについては未だに十分な議論が行われていない。したがって、新たに高次かつ内的な運動と思考との関係を築き直さなければならない。そのためにここでは、まず新たな概念を導入し、次にそれと思考との関係を検討することにする。

　高次かつ内的な運動（高次な運動表象）は、低次かつ内的な運動（単なる内的な運動）とは異なり、運動を意識的に、かつ自由に思い描く動的な過程であると想定しうる。そしてそれらの特徴は、低次な運動表象（構成行為で言えば、具体空間における知覚像や視覚イメージを形づくる運動表象）が抽象化されることによって生まれてくるものであると考えられる。なぜなら、抽象化されることによって、具体的な知覚やイメージの拘束を超え、実際に運動したことのない運動をも実行することが可能になるからである。つまり抽象性がその本質的特徴であると言える。したがってここではそれを以下、「抽象的運動」（abstract motor action）と呼ぶことにしよう。

　抽象的運動と基本的に同じ、または類似する概念が他にいくつか存在する。同概念の機能と位置を明確にするために、これらを述べておくことにする。第1は運動イメージ（motoric imagery―ただし、本論文における運動は自己に起因する運動を指すのであるから、その意味において、ここにおける運動イメージはいわゆる一人称的または運動感覚的なそれを指す）である。

第1節　抽象的運動と運動イメージ

　抽象的運動は、運動イメージの概念と基本的に同義であると考えられる。なぜなら、運動イメージは発達の比較的後期に出現すると推測され、かつ対

象を自由に動かすイメージを表すからである。

　運動イメージは、「明白な運動出力なしに、所与の運動行為の表象が作業記憶において内的に予行される（rehearsed）動的状態」（Decety, 1996）であり、「運動を発現する前に、随意的かつ内的に運動をシミュレートする過程」（森岡・松尾, 2012, p.102）である。つまりそれは、これから起こる、または起こそうとする運動を思い描くこと、言い換えれば想像上の運動であり、アネット（Annett, 1995）によれば、運動出力システムの活性化を含む。

　思考を遂行する役割を担うと想定される抽象的運動との類似において運動イメージを考える場合、運動イメージにある限定を加えておく必要があるのではないか、と思われる。それは、この場合の運動イメージは、主体が何か——自己の身体または身体部位、および自己身体以外のもの——を「動かす」イメージを指し、単に何かが「動く」イメージを指すのではない、ということである。すなわち、それは、自己に起因する運動のイメージ、あるいは自己の能動的な運動のイメージである、ということである。何故なら、運動の本質である変化を生み出す能動性が、可能性において創造する過程である思考の過程に類比し得る、あるいは思考過程に関与し得る、と筆者は考えるからである。したがって、本論文における運動イメージは、単に人や物の運動のイメージではなく、あくまでも自己が何かを「動かす」イメージを指すものとする。そうでなければ、運動イメージの範囲が無制限に広がり、思考との具体的な連関を見失う可能性を生ぜしめるであろう。

　運動イメージの存在を示唆する生理学的事実としては、身体の動きをイメージするときに活動する脳の部位と実際に身体を動かすときに活動する脳の部位が基本的に同じであることや、身体の動きをイメージするときには、そのイメージに関係する筋肉に活動電位が生じること（月本, 2010b）などがあげられる。また、それを示唆する観測的事実としては、運動イメージの作用と思われる心的回転（Kosslyn, Digirolamo, Thompson et al., 1998；Sirigu & Duhamel, 2001；Gabbard, 2009；宮口・中西・中津留, 2011）において回転角度差と判断時間との間に関数関係が成立すること（Shepard & Metzler, 1971）や、運動のパフォーマンス（たとえば視覚的定位課題 visually guided pointing task におけるパフォーマンス）に関する 2 つの指

標である速さと正確さとの関係に関する逆相関の定量的な法則（フィッツ Fitts の法則）が、実際の運動においてと同様に、想像上の運動においても、ある年齢以降成立すること（Choudhury, Charman, Bird et al., 2007；Lewis, Maruff, Cairney, 2008；Caeyenberghs et al., 2009；Williams, Anderson, Reid et al., 2012）などがあげられる。これらの生理学的事実と観測的事実は、そのまま抽象的運動にも当てはまる、と言える。

　ただし運動イメージはもっぱら自己の身体を動かすイメージが想定されており、自己身体以外のもの（この中に物体や他者身体が含まれよう）を動かすイメージはあまり想定されてこなかったように思われる。これは、おそらく、運動イメージが実際の運動と密接に連関するがゆえに、運動機能の改善の手段や運動機構の解明の手がかりとなり得る（雨宮・石津・綾部他, 2009）からである。しかしながら、身体を動かすイメージと、自己身体以外の物を動かすイメージとの間に本質的な差異を設ける根拠は存在しない。たとえば手の心的回転においては、回転角度差と反応時間との関係に対する手の解剖学的特性の影響は一定程度認められる（積山, 1997）が、物の心的回転と基本的に同じ関数関係が認められ、また心的回転における脳の反応は身体の回転でも物（積み木）の回転でも同じである（菊池, 2008）。したがってここでは、身体を動かすイメージと物を動かすイメージの差異よりも両者の共通性に焦点を当て、抽象的運動の対象には身体も物も含むものとする。なぜなら、何かを動かすことそれ自体（動き）が思考と連関するのであって、何を動かすかは大きな問題ではない、と仮定するからである。

　ところで、運動イメージは、たとえば、今ここにはいない友人の顔のイメージといった視覚イメージ、高原の鶯（小鳥）の鳴き声のイメージといった聴覚イメージ、あるいは砂浜の砂が顔に触れるイメージといった触覚イメージなどの単なるイメージ——これらを知覚（の）イメージと呼ぶことにする——と同列に扱われることが多い。しかし筆者は、抽象的運動に相当する運動イメージと、知覚（の）イメージとは性格が大きく異なると考える。それらの違いは次のようであろう（仲山, 2017）。

　運動イメージは、第1に、眼前に動かす対象が存在すればそれ（知覚的対象または知覚像）を、存在しなければそのイメージを自由に動かすことがで

きる。そうして今まで運動したことのない運動をも表象において実行することができ、かつ今まで見たこともない空間的形象をも表象において描くことができるので、その過程において、対象である知覚像やイメージの分解や合成も可能であると考えられる。それゆえ、運動イメージが描くものは、目前の知覚やそのイメージを離れた、抽象的または分節的な、かつまったく新しいものである。

　第2に、運動イメージは知覚像やイメージを自由に動かすのであるから、その過程において機能する内的な運動は、高い能動性と、可動性または自由度を持ち、第3に、その内的な運動は随意的、すなわち意識的であることである。この点については、マダンとシンガル（Madan & Singhal, 2012）も、運動イメージが動的（dynamic）であるのに対し、知覚のイメージの一種である視覚イメージは静的（static）であるとしている。第4に、運動イメージによるシミュレーションの役割は、変化の予測（Barsalou, 2009）であり、かつその結果生み出されるのは、それまでには存在していなかった未知のものであるから、未来の表象（想像）であることである。そして第5に、知覚のイメージと運動イメージとは、後者が前者を加工（分解や合成）する関係にあるから、前者は後者の対象または素材に相当することになること、である。

　これに対して、知覚のイメージは、第1に、外界の事物が存在しない条件におけるその表象上の映像または模写、ジョンソン（Johnson, 1987）の言葉を借りれば、「心的画像」であるから、その表象的特徴は客観的実在（モデル）を象った具体的（または全体的）なものであることである。それゆえ第2に、イメージを形づくる運動（内的な運動）はそのモデルの空間的形象に沿った、言い換えればそれに拘束された受動的で、可動性または自由度の低い運動であることであり、第3に、その内的運動は非意識的であることである。なぜなら、知覚のイメージ、すなわち人の顔や既知の物などのイメージは発達の初期に自然に成立し――たとえば田口（2004）によれば、ごっこ遊びの基礎となるイメージの力は1歳半ごろに現れる――、かつわれわれがそれを意識する経験を持たないからである。そして第4に、知覚のイメージは、眼前に事物がない条件における表象であるから、同時に記憶イメージ、

表2-1　運動イメージと知覚のイメージの相違点

	抽象性	内的運動の能動性と可動性	内的運動の意識性	時間	操作とその対象
運動イメージ	抽象的または分節的	能動的かつ高可動性	意識的	未来の表象	操作それ自体
知覚のイメージ	具体的または全体的	受動的かつ低可動性	非意識的	過去の表象	操作の対象

つまり過去の表象（記憶）であることである。

　このように、運動イメージと知覚のイメージとの間には、抽象性、能動性と可動性、内的運動の意識性、時間（過去と未来）における相違、および操作それ自体とその対象との相違が存在する（これらの相違点を表2-1にまとめる）。

　これらの相違は、発達レベルの相違に基づいて生成される、と思われる。というのは、運動イメージの出現時期が知覚のイメージのそれよりも遅い――これを示唆する例として、運動イメージの作用である心的回転（Anderson, 1978）の現象が観測されるもっとも低い年齢層は、ファンク・ブルガー・ウィルキニング（Funk, Brugger, & Wilkening, 2005）によれば、5、6歳であること、田中（1990）によれば、小学校高学年から中学生にかけて視覚的表象よりも運動的表象が優位になること、先述のようにフィッツの法則が運動イメージにおいても「ある年齢以降」（つまり発達のある時期以降）明瞭になること、などをあげることができよう。また、この例の中に、第2章で述べた、空書の出現率が9、10歳頃急激に増加することを加えられるかも知れない――からである。

　さらに、月本（2005b）によれば、運動の想像の場合と、「感覚（知覚）の想像」の場合とでは、生理学的または身体的な過程に相違があり、前者の場合には、想像の過程と実際の過程とが基本的に同じ（運動をイメージしても、運動を実行しても同じ神経回路が活性化する）であるのに対し、後者の場合には想像の過程と実際の過程とが異なる（たとえば痛みを感じている場合には当該の神経回路が活性化するが、その痛みをイメージしても同回路が

活性化しない）（第4章第2節で触れる）。このこともまた、運動イメージと
知覚（の）イメージとの相違を示唆するであろう。

　こうして、運動イメージと知覚のイメージとは区別されるべきであるにも
関わらず、これまでこの区別は明確に意識されず、しばしば議論の混同が見
られた。ここで、この二つの明確な区別の導入を提案する。

　抽象的運動と基本的に同じまたは類似する概念の2つ目はメルロ＝ポン
ティの抽象的運動または潜勢的運動である。

第2節　抽象的運動とメルロ＝ポンティの抽象的運動または潜勢的運動

　奇しくも、メルロ＝ポンティ（Merleau-Ponty, 1945）は「抽象的運動」
という概念を提出している。筆者は、それとはまったく独立に、同じ名称の
概念の使用を提起し（仲山, 2015）、今もそれを提起している。それは、こ
れまで述べてきたように（続く2つの章においても述べるように）、想像活
動またはイメージ操作を、その本質的な構成要素である内的な運動の側から
見た言い方であって、高次かつ内的な運動、または高次な運動の表象を表す
ものであるが、メルロ＝ポンティのそれは、彼の言う抽象的運動と対比され
る具体的運動とともに、直接的には、運動の形式またはある条件の下で生起
する運動それ自体を指す。しかし、仔細に検討すると、メルロ＝ポンティが
意識していたかどうかはわからないが、内的な運動をも含意しているように
思われる。とすれば、それは、おそらく筆者が導入した抽象的運動という概
念と通底する概念である。そこでそれを詳述し、それによって、筆者の抽象
的運動の概念をより明瞭にすることにする。なお、抽象的運動がメルロ＝ポ
ンティの言うそれだということを明示するために、煩雑ではあるが、「抽象
的運動（MP）」と表記することにする。

　メルロ＝ポンティは、抽象的運動が欠落しているシュナイダー
（Schneider）という名前の精神病理学的疾患罹患患者を詳細に記述し、それを
通して抽象的運動（MP）の本態を明らかにしようとした。彼によれば、こ
の患者の症状は次の通りである。

伝統的精神病学では精神盲（les cécités psychiques）のなかに分類されるであろう或る患者をいま例にとると、彼は目を閉じている場合には、＜抽象的な＞運動（mouvements ＜ abstraits ＞）は行うことができない。つまり、命令に基づいて腕や脚を動かしたり、指を伸ばしたり屈げたりするような、何ら実際的状況に向けられていないような運動は行うことができないのだ。同様にして彼は、自分の身体の位置を、それどころか自分の頭の位置をさえ記述することができないし、自分の手足の被動的運動（mouvements passifs）も記述することができない。また最後に、人から頭や腕や脚に触れられても、彼はその触れられたのが自分の身体のどの箇所かを言うことができない。自分の皮膚の上の二つの接触点を、それらが八十ミリも距っていても区別することができないし、自分の身体に当てられた物体の大きさも形状も認知することができないのだ。彼が抽象的運動をやり遂げることができるのは、ただ運動させるよう命ぜられた腕や脚を目で見ることが許されている場合、あるいは予行練習運動を全身でもっておこなって置くことが許されている場合だけである。刺戟物の位置決定や触れている物体の認知も、これまた予行練習運動の助けを藉りれば可能となる。患者は生活に必要なら、それが彼に習慣的なものでありさえすれば、目を閉じていても異常な素速さと確かさでもってやってのけることができる。（Merleau-Ponty, 1945, p.133, 訳書，１，p.180）

　たとえば、ハンカチーフをポケットからとり出して鼻を擤んだり、マッチを箱からとり出してランプに点火したりすることはできる。また、この患者の職業は紙挾みを製造することであって、彼の労働の生産高は、正常な労働者のそれの四分の三に達する。（同 p.133，訳書，１，p.180）

　こうした＜具体的な＞運動（mouvements《concrets》）なら、彼は何の予行練習運動なしでも、命令に従っておこなうことができるのである。・・・たとえば、命令に従って自分の身体の一部を指で指示するこ

とはできないその同じ患者も、蚊に刺された箇所へ素速く手をもってゆくことはできるのだ。（同 pp.132-133, 訳書, 1, pp.179-180）

　シュナイダー（という名の患者）は、第一次世界大戦中、後頭葉に戦傷を受けた当時24歳の青年であった。彼の示す症状は多様で、その症状名（視覚失認、知覚型視覚失認など）に関して議論がある（Jensen, 2009；田中, 2013）が、症状の生起する条件の設定が不明瞭であり、かつ、目下、筆者の関心を引くのは、抽象的運動（MP）と具体的運動との対比によって規定される彼の運動障害の性質であるから、この問題には直接触れないことにする。
　患者は習慣的な運動（具体的運動）であれば行うことができるが、実際的状況に向けられていないような運動（命令に基づく動作など）——抽象的運動（MP）——は行うことができない。抽象的運動（MP）を行うことができるのは、「予行練習運動」を行った場合などに限られる。
　この場合、抽象的運動（MP）と言うのは、実際的状況に向けられていない、つまり生活上は何らそれをする必要性がなく、それゆえ場面から独立した、あるいは抽象された運動のことである。これに対して、具体的運動は、具体的な必要に応じた運動である。シュナイダーは抽象的運動（MP）に障害を持つ。田中（2013）は、その運動障害についてこう述べる。

　　すでに習慣化され、身体で覚えているような動きを反復すること（習慣的運動）、またはその範囲で、状況の必要に応じて身体がおのずと動くこと（具体的運動）、それとなく身体の一部をつかむこと（把握）はできる。しかし、医師の指示通りに意識して身体を動かすこと（意識的運動）、状況の必要を離れて身体を動かすこと（抽象的運動）、身体の部位を特定して指さすこと（指示）はできないのである。・・・このような状況であるから、シュナイダーにとって新しい運動の学習は困難である。（田中, 2013）

　さらにメルロ＝ポンティは、シュナイダーの症例報告をしたゴルトシュタインとゲルプに依拠して、次のように述べる（Merleau-Ponty, 1945, p.137,

訳書，1，pp.185-186）（以下にパラフレーズする）。

　この患者が、他者に触れられた身体部位を同定するよう求められると、まず身体全体を運動させて大雑把に見当をつけ、次に関係する肢節を動かすことによって身体部位を精密化し、最後に当該箇所に隣接した部分の皮膚を震わせてその箇所を突き止める。つまり彼は、能動運動の助けを借りて身体刺激を同定する。同様にして手の上に接触する2点を識別できるのは手を動かし得る条件のときだけであり、図形を認識できるのはただ触るだけではなく、能動的な探索運動を許される場合だけである。

　この能動的運動は、先述の「予行練習運動」と同義であろう。何故なら、この2つの運動は、ともにシュナイダーの抽象的運動の困難を改善する運動であるからである。では、この能動運動の作用をどのように考えればよいか。この問題を考えるにあたって、メルロ＝ポンティは、「顕勢的な運動」（mouvement actuel）と「潜勢的な運動」（mouvement virtuel）との区別を導入する。この区別は、潜在性に関する区別、すなわち運動が顕在するか潜在するかの区別である。

第1項　潜在性

　メルロ＝ポンティは、自らが導入した「顕勢的な運動」と「潜勢的な運動」との区別を明確に規定していないので、次の記述を手がかりに考えることにする。

　　正常者にあっては、身体刺戟が与えられるたびごとに、顕勢的な運動ではなくて一種の＜潜勢的な運動＞が目覚めるのであり、質問を受けた身体部分が無名状態を脱して或る特定の緊張によって自己を告知する、しかも解剖学的装置の枠内での或る種の行動力として自己を告知するのである。正常な被験者にあっては身体とは、単にその身体を自分の力に惹きつけて来る現実的状況によって動かされるのではない。ときには［現実的］世界から身をそむけて、その活動を感官的表面に訴えてきた

諸刺戟に適合させ、実験的状況に身をまかせ、より一般的に言って、潜勢的なもののなかに身を置くこともできるものなのだ。病人の触覚が刺戟の場所をつきとめるのに自己の身体の運動を必要とするのは、この触覚がひたすら顕勢的なもののなかだけに閉じ込められているからであり、病人が触覚による再認および知覚の代りに、刺戟の手間のかかる判読とそれによる対象の演繹をもってするのも、やはりおなじ理由からである。たとえば、触覚的実験のなかで鍵が鍵としてあらわれて来るためには、触覚についての一種の幅広さが、一つの触覚野が必要であって、そのなかではじめて局所的印象が一つの輪郭のなかに統合されることもできるのであり、それはあたかも個々の音符がメロディーの経過点でしかないのと似ている。(Merleau-Ponty, 1945, p.139；訳書1, p.188)

　この記述からわかるのは、まず、顕勢的運動とは現実の身体の動き（身体運動または筋肉運動）であることである。つまり、筋肉の収縮によって遂行される、外から観測可能な、現に実行されている（実際上の）運動である。とすれば、原語の《mouvement actuel》は、「顕勢的運動」ではなく、「現実的運動」、または運動という語それ自体が実際の筋肉運動を指すのであるから、単に「運動」と訳す方が、意味の無用な拡張を防げるかも知れない。では、潜勢的運動とは何か。

　それは、現実の身体の動きとしては表れていない、それゆえ外から観測不可能な、潜在的な運動である。それゆえ、原語の《mouvement virtuel》は、「潜在的運動」または「仮想的運動」と訳す方が適切かも知れない。そして、正常者では、現実的世界から身をそむけて、潜勢的（潜在的）なもののなかに身を置くこともできるが、抽象的運動を行うことができない患者では、ひたすら顕勢的なものの中だけに閉じ込められ、そのことが抽象的運動の遂行を妨げる。つまり、潜勢的運動を欠くことが、抽象的運動（MP）の遂行を妨げるのであるから、潜勢的運動は、抽象的運動（MP）の遂行を内的に支えるもの、あるいは抽象的運動（MP）の内的な過程、すなわち内的な運動または運動の表象を指し示している、と言える。つまり、抽象的運動（MP）と潜勢的運動とは、後者は前者の遂行の必要条件なのであるから、

両者不可分の関係にあり、実質的に等しい、あるいは同一事象の２つの側面だと解釈することができよう。このような潜勢的運動における潜在性は、可能性と結びついている。

第２項　可能性

　メルロ＝ポンティ（Merleau-Ponty, 1945, pp.139-140；訳書，１，pp.188-189）によれば、身体に与えられた触覚刺激の位置を同定する課題において、正常者は、身体刺戟が与えられると、顕勢的な運動ではなく、潜勢的な運動を目覚めさせる。それは、刺激を触覚的に同定するためには、触覚野または触覚の広がり（場）が必要であって、その全体の中で局所的刺激が統合されるからである。

　他方、患者（シュナイダー）が、触覚の刺戟の場所をつきとめるのに自己の身体の運動が必要であるのは、その触覚がひたすら顕勢的なものの中だけに閉じ込められているからである（Merleau-Ponty, 1945, p.139，訳書，１，p.188）。つまり、「自分を自由に置く一般的能力のなかに成立するあの具体的自由を欠いているわけだ」（同 p.169，訳書，１，p.228）。「言葉は、同時に一つの意味しかもつことができず、現勢的なもの（l'actuel）は可能性の地平なしに存在する」（同 p.169，訳書，１，p.229）。「彼の態度全体のなかには、何か小心でくそ真面目なところがあり、それは彼がおよそ遊戯することができないというところから来ているのだ。遊技するとは、しばしのあいだ想像上の状況のなかに身を置くことであり、＜環境＞を変えて楽しむことである。これに反して患者は、虚構の状況のなかに入ってもかならずこれを現実の状況に転換してしまわずには居られない」（同 p.168-169，訳書，１，pp.227-228）。

　こうして、病理的状況にあるシュナイダーの行動は、現勢的なものあるいは現実に拘束され、遊戯、あるいは想像を欠いている。すなわち患者の行動には非現実化機能、あるいは可能性、つまり動こうとすれば動けるという可能性が欠けている。

第3項　カテゴリー性または抽象性

　メルロ＝ポンティは、この患者の思考または認識の特徴についても述べている。その1つが、カテゴリー態度の不可である。

　　一つのカテゴリーのもとに包摂されて概念にまでひき上げられるのでなければ、沈黙のうちにおこなわれる所作でさえも不可能となるのだ。病人はひとに触れられた自分の身体の個所を指で指示することがもはやできなくなっているとすれば、それは彼がもはや客観的世界を前にして立つ主体ではなくなっているからであり、彼にはもはや＜カテゴリー的態度＞がとれなくなっているからである。同様にして彼においては、目的意識を前提としているかぎりでの、目的意識での運ばれるかぎりでの、対自的運動であるかぎりでの、抽象的運動というものがダメにされている。(Merleau-Ponty, 1945, pp.152-153，訳書，1，pp.206-207)

　抽象的運動（MP）は「遠心的なものであって、空間中に一つの無償の指向（intention gratuite）を描き出し」（同 p.153，訳書 p.207）、自己の身体を対象として構成する。

　　抽象的運動のなかには、一つの客観化の能力、一つの＜象徴機能＞、一つの＜表象機能＞、一つの＜投射＞能力が内在している。・・・（この能力は）諸印象の流れの背後にその理由をなす一つの不変因子（invariant）を準備し、経験の素材を形態化して来るような能力である。(同 p.153，訳書，1，p.207)

　　そして具体的運動と抽象的運動の区別は即自的運動と対自的運動との区別に一致する。(同 p.154, 訳書，1，p.208)

　これらは、抽象的運動（MP）（それゆえ潜勢的運動）とは対自的運動で

あるので、その実行は運動を空間中に対象化するということ、抽象的運動（MP）が不可であることはカテゴリー的態度が不可であり、かつそれが内在する客観化（あるいは象徴機能、表象機能、投射）の能力が不可であることを意味し、それゆえ抽象的運動（MP）（潜勢的運動）は抽象概念または知的機能に関わることを意味しよう。以上のことはまた、現実や客観から離れる動き（抽象化や想像など）、または個々のものから離れる動き（カテゴリー態度など）が、逆に、現実化や客観化の能力と連関する、あるいは想像作用が、逆に現実を深く把握する力を与えうることを示唆していよう。つまり、シュナイダーにおいて、現実や客観に縛られているがゆえに、現実を客観的に把握できない、という構図を認めることができる。

　そして潜勢的運動は、運動的または空間的な思考としてもあらわれる。

第4項　運動的思考または空間的思考

　シュナイダーは運動的または空間的思考における困難も有する。その1つが、運動の背景または地（図と地の対比における地）の形成の困難である。

　　具体的運動の背景はあたえられた世界であり、これに反して、抽象的運動の背景は構成された世界である。抽象的運動は、具体的運動が展開していた充実した世界の内部に、反省と主観性との一地帯を穿ち、物理的空間のうえに、一つの潜勢的または人間的空間を重層する。したがって、具体的空間は求心的であり、これにたいして、抽象的運動は遠心的である。前者は存在のなかで、あるいは現勢的なものなかでおこなわれ、後者は可能的なものなかで、あるいは非存在のなかでおこなわれる。前者はあたえられた背景に密着し、後者はみずから己の背景を展開する。抽象的運動を可能にする正常な機能は、一つの＜投射＞機能であって、それによって運動主体は、自然的には存在せぬものもそこでは存在のみかけをもつことのできるような一つの自由な空間を、自分のまえに用意するのである。（Merleau-Ponty, 1945, p.141-142, 訳書, 1,

pp.191-192)

　この「自由な空間」とは、メルロ＝ポンティが、シュナイダーにおいては
「身体空間の意識と潜在的空間をめざす（vise）抽象的運動とがほとんど完
全に欠けている」と言うところから、抽象的運動（MP）が与える空間であ
ると思われ、かつ「患者は準備運動（模倣運動——筆者注）によって、＜運
動感覚的な背景＞をつくり出そうと努める」（同 p.147，訳書，1，p.199）
というところから、この空間は運動感覚的なものであると推測できよう。こ
れに関連して、彼はゴルトシュタイン（Goldstein）の記述を引用しつつ、
こう述べる。

　　運動とは運動についての思惟ではないし、身体空間とは、思惟され
　た、または表象された空間ではない、「どんな有意的運動も、或る環境
　のなかで、環境自身によって規定された或る背景［地］のうえにおこる
　ものだ（・・・）われわれが運動をおこなうのは、運動とは何の関係も
　ない＜空虚な＞空間のなかではなく、逆に、運動とのあいだに十分に規
　定された関係をもっている空間のなかでである。つまり、運動と背景と
　は、ほんとうを言えば、ただ一つの全体から人工的に分離させられた諸
　契機でしかないのである」（Goldstein）。（同 p.172，訳書，1，pp.232-
　233）

　メルロ＝ポンティは、これに、さらにゴルトシュタインの次の記述（ただ
しゴルトシュタインによる、失行症の研究者であるリープマンの患者につい
ての記述）を引用する（引用部分をパラフレーズする）。
　運動感覚的全装置が全体的な生理過程から脱臼し、一切の運動法式
（formule de mouvement）はわれわれに一つの表象として提供されると同
時に、われわれの身体に一定の実践的可能性として提供されるが、患者はそ
の運動法式を表象としては保持しているけれども、行動範囲を持たない。彼
が保持しているのは客観的で、伝達可能なものであり、欠けていたのは、伝
達不可能な素描されてあった計画に合わせて動かす能力である（以上

Goldstein の記述：Merleau-Ponty, 1945, pp.172-173，訳書，1，p.234)。

　メルロ＝ポンティのこれらの記述（ゴルトシュタインなどの記述を含めて）は、運動は空間との一定の関係の中で生起し、この空間が運動の背景（または地）であり、この関係を媒介するのが抽象的運動（MP）である、ということを含意する。したがって、抽象的運動（MP）は運動を制御するだけでなく、空間の把握をも左右することとなろう。また彼は、「知覚された各位置が意味をもつのは、現に知覚されている感覚領域ばかりではなく、『潜在的空間』——感覚領域はそれの瞬間面にしか過ぎない——をも含む空間の枠のなかにはめこまれたときだけである」（Merleau-Ponty, 1942, p.138，訳書，上，p.159）とし、抽象的運動（MP）と潜在的空間との連関を示唆する。これらは、運動と空間との必然的関係を含意する、と言える。

　さらに、シュナイダーはモデルに倣ってデッサンする（模写する）ことは決してなく、知覚は直接に運動へと延長されることがない。まず対象を触ってみていくつかの特性を認識し、自分の発見したところを定式化し、最後にモデルを見ないで、言葉で表現した定式に照合して図形を描く。知覚したところを運動へ翻訳するのに、言語のはっきりした意味作用を経過するわけである。正常者にあっては、知覚を通じて対象の中に滲透し、対象の構造を己のうちに同化する。つまり身体を通じて対象が直接的に彼の運動を規制する（Merleau-Ponty, 1945, p.165，訳書，1，p.223）。

　模写というのは、モデルを見てそれと同じものを描く、すなわち現象的には知覚‐運動対応とか、知覚‐運動協応とか呼ばれる行動である。知覚と運動との統合に障害がある、すなわち乖離があるとき、空間的思考の障害を表している。メルロ＝ポンティは、それを感覚と知性の統一あるいは感性と運動性の統一の「弛緩」と見る。すなわち、こうである。

　結局、われわれの「意識の生活（認識生活、欲望の生活、あるいは知覚生活）には、一つの＜指向弓＞（arc intentionnel）が張り渡されていて、これがわれわれのまわりに、われわれの過去や未来や人間的環境、物的状況、観念的状況、精神的状況を投射し、あるいはむしろ、われわれをこれらすべての関係のもとに状況づけているのである。この指向弓こそが」感覚の統一を、感覚と知性の統一を、そして感性と運動性の統一をつくるのであ

り、「これこそが疾病の場合には＜弛緩する＞のである」（Merleau-Ponty, 1945, p.170, 訳書, １, p.229）。「意識とは一つの投射活動であって、諸対象を自分自身の行為の痕跡として自分のまわりに投下するが、また逆にそれらの諸対象を支えとして他の自発的諸行為へと移行してゆく」（同 p.170, 訳書, １, p.230）。

このように、シュナイダーにおいては、アナロジーまたはメタファーが困難であり、概念的分析によってのみ理解が可能になるので、モデルを見て描くのではなく、言葉の定式に従って描く、すなわち彼は想像や知覚によってではなく、概念または言葉によって把握する。おそらく、通常は統一されているこの２種類の認識の手段が乖離しているから、メルロ＝ポンティは、彼においては、感覚と知性の統一、そして感性と運動性の統一が弛緩する、と表現する。知覚と運動との乖離、感覚と知性との統一の弛緩、そして感性と運動性との統一の弛緩が、構成行為、すなわち模写の困難をもたらすということは、構成行為におけるように、運動が認識と結合することが、空間認識の条件であること、あるいは運動が空間認識の必須の要因であることを意味するであろう。

この患者の次に示す症状も、アナロジーまたはメタファーの困難を鮮明に示している。

　　「猫にとっての獣毛は鳥にとっての羽毛に等しい」とか、「ランプにとっての光はストーヴにとっての熱に等しい」とか、あるいはさらに、「光と色にとっての目は音にとっての耳に等しい」とかいう、こんな単純なアナロジーさえも了解できないのに気づく。同様にして彼は、「椅子の足」とか「釘の頭」とかの慣用的用語を、その隠喩的意味において了解することができない。・・・正常者にとっては、アナロジーはこれを分析するよりも了解することの方が易しいのに対して、逆に患者がアナロジーを了解することに成功するのは、ただそれを概念的な分析によって顕在化したのちのことでしかないのだ。（同 pp.160-161, 訳書, １, p.217）

以上のシュナイダーの症例が示唆する重要なことは、第1に、抽象的運動（MP）あるいは想像によるメタファー（類比）が空間、とりわけその中の潜在的空間と密接に連関すること、第2に、彼の抽象的運動（MP）の困難は、ふつうは、顕勢的運動と潜勢的運動の両方から成る運動のうち、一方の潜勢的運動が失われているために起こること、第3に、その理由は潜勢的運動がもたらす潜在性、可能性、カテゴリー性または抽象性、および潜在的空間または運動感覚的空間を欠落せしめるからであること、第4に、彼において、意識的な能動運動が抽象的運動（MP）を実行可能にするのは、それによって潜勢的運動が生起するからであること、「腕や脚を目で見ることが許されている場合」（Merleau-Ponty, 1945, p.133, 訳書，1，p.180）に抽象的運動（MP）が実行可能になるのも、同じ理由であること、そして第5に、われわれの運動は、現実の運動と抽象（潜勢）的運動との、またわれわれの空間は、現実の空間と潜在（可能）的空間とのアンサンブルによって成り立ち得ること、である。

　そして、これらはさらに、正常な思考が、2つの道筋が合流することによって、すなわちそれらのアンサンブルによって遂行されることをも示唆する、と言えるのではないだろうか。1つの道筋は、彼が失ったもの、すなわち潜勢的運動（抽象的運動）、アナロジー、メタファー、想像あるいは知覚などによって遂行される道筋、もう1つの道筋は、彼がまだ所有しているもの、すなわち顕勢的運動（具体的運動）、概念的分析、言語の意味または言語的定式などによって遂行される道筋である。

　抽象的運動と基本的に同じまたは類似する概念の3つ目は、グリューンバウム（Grünbaum, 1930）の虚性行為とノエ（Noë, 2004）のアクセス可能性である。

第 3 節　抽象的運動と、グリューンバウムの虚性行為およびノエのアクセス可能性

　グリューンバウムの虚性行為は、秋元（1976, pp.89-90）に依拠すれば、次のようである。

　発達的観点に立って見ると、はじめ、認識と行為とは未分化な機能渾一体を形づくっている。やがて発達とともに、認識が象徴化機能の助けを借りて行為から分離していく。しかしこの分離は絶対的なものではない。

　　最も高度の分化形態においても認識は行為の要素を含んでいる。ただ、これの現実的な展開が抑制されているに過ぎない。人が認識するとき、この認識は必ず一定の行為を予定している。それゆえ、認識の中に含まれた行為は**実際的行為の予料**であり、また現実化に先行する**虚性行為**である。
　　発達の当初において現実的行為であったものが、分化の進んだ状態においては虚性行為として認識の中に隠れ去っている。だから、かりそめの観察によってはあたかも認識が行為と全く分離したかの観を呈する、たとえば眼前の客体を紙であると認識するとき、必ずその紙はある場合には「物を包むべき」他の場合には「描くべき」紙なのであり、常に「包む」とか「描く」とかいう、そのときどきの**行為状況**に客体が結びつく、けっして単なる紙として認識するのではない。（秋元, 1976, pp.89-90）

　グリューンバウムのこの見解は、認識と行為とが、形成においても（互いに他を形成要因とする）、機能においても（互いに他を前提として機能する）不可分の関係にあること、認識の中に隠れた、あるいは潜在する行為が存在し、それは、現実の行為に先行する可能性としての行為、すなわち行為の可能態であることを含意する。それゆえ、それは潜在的な運動（行為）または可能性を秘めた運動であるという点において、筆者の抽象的運動、およ

びメルロ＝ポンティの抽象的運動並びに潜勢的運動と共通するであろう。

　抽象的運動と基本的に同じまたは類似する概念の４つ目は、エナクティヴ・アプローチをとるノエの知覚における「アクセス可能性」である。彼の考える知覚は次のようである（先述したものを一部繰り返す）。

　　私たちが何を知覚するかは私たちが何を行うか（あるいは、どういう技能知［know-how］をもっているか）によって規定される。私たちが何を知覚するかは、私たちが何をできるか［ready to do］によって規定されている。・・・私たちは自らの知覚経験をエナクトする［enact：成立させる］のであり、知覚経験を行為として演じているのである。（p.1，訳書 pp.1-2）

つまり、

　　真正な知覚経験は刺激の性格と性質のみに依存するのではなく、感覚‐運動的知識を私たちが働かせることにも依存する。（p.10，訳書 p.16）

　　エナクティヴあるいは感覚‐運動的なアプローチは、脳内に表象されていない世界の詳細についての経験を私たちが享受するのはどのようにして可能なのかを説明する。・・・知覚経験の内容はヴァーチャルである。・・・エナクティヴ・アプローチに従えば、トマトの背面、猫の遮断された部分、そして、環境の見えない細部が知覚に対してヴァーチャルに眼前するのは、技能に基づいたアクセスのおかげで、私たちがそれらの眼前を経験するという意味においてなのである。（p.67：訳書 p.101）

　　（それゆえ、あるものを左方に過ぎ去るものとして経験することは、その――筆者注）ものに対する自分の関係を、ある種の可能的運動によって媒介されたものとして経験することである。（p.87，訳書 p.139）

ノエのこれらの記述に従えば、何を知覚するかは、何を行うかに、あるい

はアクセス可能性に規定される。言い換えれば、知覚は、可能的な運動に媒介されたヴァーチャルなものを内容とする、あるいはそれはヴァーチャルなものとして現出せしめる。つまり、知覚に関与するのは、現実化されていない、可能性の運動またはアクセスし得る運動であるから、その意味において、メルロ＝ポンティの潜勢的運動に等しいであろう。ただし、ノエは、知覚の成否を運動（アクセス）可能性という点から規定しているが、筆者は、同様に、より高次な認識の単位である思考や概念や推論においても、運動の可能性がそれらの成否に関わることを主張する者である。

　アクセス可能性というのは、運動表象である抽象的運動が与える運動の可能性（到達する、入る、得る、あるいはアクセスする可能性）を別の観点から表現したものであると考えられ、それゆえ抽象的運動を別の形で表現したものだ、と筆者は考える。

第4節　本章の総括——抽象的運動と空間的思考操作

　以上述べてきたように、内面化された自己身体の運動（運動表象）のうちの、発達的に高次なものである高次化かつ内面化された運動（高次かつ内的な運動）、すなわち抽象的運動は、運動と思考とが連関する上で決定的に重要な役割、すなわち両者を媒介する役割を果たす。

　それを他の類似の概念と比較すれば、まず運動イメージに関しては、それが機能する範囲を自己身体のみならず、それ以外の他のものにも広げ、自己の身体または身体部位や、それ以外のものを動かすイメージと捉えれば、抽象的運動に一致する。

　第2に、メルロ＝ポンティの抽象的運動（PM）またはそれと同義である潜勢的運動に関しては、それが潜在性、可能性、カテゴリー性または抽象性を持ち、運動的思考または空間的思考に深く関与する限りにおいて、抽象的運動の概念に等しいことになる。

　第3にグリューンバウムの虚性行為に関しては、それが認識の中に隠れた、つまり潜在する行為、あるいは現実化に先行する、可能的な行為である

という意味において、メルロ＝ポンティの潜勢的運動とも共通し、かつ筆者が提案した抽象的運動とも共通すると言える。また、行為（運動）の可能性が認識（知覚）を左右するという意味において、抽象的運動はノエのアクセス可能性と通底する部分を持つと思われるが、ただし筆者は、知覚のみならず、それより高次の認識の単位である思考や概念や推論においても、運動の可能性がそれらの成否に関わることを主張する。

　こうして、筆者が導入した、潜在性、可能性などの特徴を持つ抽象的運動の概念は、内的に進行する自由な運動的操作である。そしてその対象は、抽象的運動が対象の種類を問わず対象一般を動かす運動のイメージなどであると考えれば、目前の知覚像または知覚のイメージ（たとえば今ここにはない何かの形態、または今ここにはいない友人の顔のような記憶イメージ）であると想定し得る。それは、構成行為の場合で言えば、目前の幾何学図形または記憶にある形態である。

　したがって、抽象的運動を知覚像またはイメージの自由な運動的操作と規定することができる。抽象的運動という用語を使用するのは、第1に、抽象的、かつ高次であることを示すためであり、第2に、その内的な過程の運動的性格を強調するためである。抽象的運動によって主体は、現実に存在する対象を現実の制約を超えて自由に動かすことができる、すなわち可能性において運動（行為）することができるようになる、と考えられる。

　抽象的運動は内面化された自己身体の運動（その高次な形態）である。運動が内面化される過程は、音声を伴う外言が発達に連れて次第に内面化されて、音声を伴わない思考のための言語、すなわち内言になる過程に準えることができよう。とすれば、それは実際の身体運動による操作（運動的操作）が内面化したもの、すなわち実際の運動の相関物であるから、抽象的運動と基本的に等しい運動イメージが、実際の身体運動の精緻化とともに精緻化して行くように、抽象的運動も実際の身体運動と相互作用しつつ発達していく、と考えられ、かつ、それは、さまざまな程度に現実または客観的実在に拘束される知覚像やイメージの自由な運動的操作であるから、客観的な現実や対象と相互連関すると言えるであろう。こうして抽象的運動は、外的なものあるいは現実との相互連関において発達する、と考えられる。

　そして、抽象的運動による自由な運動的操作を例示するとすれば、顕勢的
運動の中だけに閉じ込められ、目前の現実や具体的状況から離れられない
シュナイダーの病理的運動と対比をなす運動、すなわち顕勢的運動と潜勢的
運動との相互作用によって行われる、自由で可能性を秘めた正常な運動をあ
げることができよう。

　ところで、思考の基本的操作は分析と総合である。分析と総合は、構成要
素を抽象し、それらを自由に動かすことを通して新しいものを構成する、す
なわち可能性において創造する内的な過程であり、それによって今までに見
たことにないものもつくることができるようになる。この過程の抽象性、可
動性、そして可能性は、抽象的運動との共通点である。おそらくこれらの共
通点ゆえに、次の章で述べるように、ピアジェは高次な運動の表象（彼の用
語では体系的な内的運動）と思考操作とを同一視し、かつ前者が思考操作の
形式（体系または論理）をも形成すると考えた。しかし、思考操作の形式
（思考操作それ自体ではなく）の起源の1つは、おそらく運動が知覚や思考
と連関する根拠とも考えられる、身体または運動の人類における共通性にあ
る。

　そして、もう1つは、おそらく言語にある。なぜなら抽象的な思考は言語
による思考であり、言語は、「民族の歴史的発展の道程で定着された、諸現
象の分析、総合、概括の一定の体系である」（Рубинштейн, 1957, 訳書236-
237）からである。

　つまり、運動の表象（その高次な形態が抽象的運動）が思考操作の体系ま
たは論理を形づくる役割を担うことはできない、と言える。とすれば、思考
操作における抽象的運動の役割は、どこにあるだろうか。この問題に関して
は、思考の個々のカテゴリーと運動との連関の深浅を考える必要がある、と
思われる。しかしこれまでの運動と思考または認識との連関を主張する理論
（後続の2つの章で述べるように、ピアジェ説においても、ジョンソン説に
おいても、月本説においても）、運動と思考との一般的な関係のみが規定さ
れ、思考カテゴリーの相違は考慮されていなかった。このことは、思考発達
における運動要因の過度の一般化と強調の傾向を生ぜしめ、思考または認識
における運動の役割をかえって見失わせる恐れがあり、この点がこれらの説

における誤りだと思われる。

　思考のカテゴリーという観点から、運動との連関を見た場合、浮かび上がるのは空間である。なぜなら、運動は参照系に対する位置関係の変化、つまり空間関係の変化を意味し、それゆえ運動は空間表象の形成（空間認識）と深く連関するからである。このことを支持するものとして、次のような見方をあげることができよう。

　すなわちメルロ＝ポンティが、先述のように、潜勢的運動と潜在的空間とは、つまり運動と空間とは密接に結びつくとしていること、ワロンが、「表象の必要な支えである言語は、一定の空間的直観能力を前提として」おり、「空間はあらゆる運動のなかに含まれている」（Wallon, 1942, p.222, 訳書p.245）としていることである。さらに次のような事実も、運動と空間との連関を支持するであろう。

　それらは、空間認識における１つの指標である空間的視点取得（spatial perspective-taking）の中核的操作である想像上の身体運動（Watanabe, 2011）または仮想的身体移動（渡部, 2014）において、参照系である自己視点の移動距離と反応時間との間に関数関係があるという事実（渡部, 2013）や、脳の運動制御系が仮想的な身体移動を担っていることが裏付けられつつあること（Wraga et al., 2005）などである。これらは運動と空間認識とが深く連関することを示唆する。

　また、空間カテゴリーの認識的意義に関してレイコフとジョンソンは、時間は空間の観点に基づいて、メタファーによって概念化される（Lakoff & Johnson, 1980, p.126；訳書 p.187）、つまり空間は思考や認識における普遍性を持ち得るとしている。

　これらが示唆する運動と空間との深い連関のゆえに、本論文においては、はじめに高次な空間的行為である構成行為をとりあげ、構成障害や構成行為の機序を検討し、構成行為の本質は抽象的空間表象であり、それは、発達の過程において、運動が内面化され、かつ高次化されたもの——高次化かつ内面化された運動——によって形づくられること、高次化かつ内面化された運動は、事物の知覚像またはイメージの自由な運動的操作を意味する抽象的運動という用語によって概括できること、を示した。

　構成行為における抽象的運動と抽象的空間表象は、同一事象の二つの側面であって、認識の側から見れば、同時的な認識的表象（抽象的空間表象）であり、運動の側から見れば継時的な運動の表象（抽象的運動）である。そして、抽象性、可動性、そして可能性という過程としての共通性から、抽象的運動は、思考操作、とりわけ空間的思考操作に一致する、と言える。

　では、最後に、抽象的運動——知覚像やイメージの自由な運動的操作、あるいは内的な運動的操作——の作用と、それによる空間的思考操作の具体例を示すことにしよう。第1は、第1章でとりあげた構成行為である。

　構成行為は、材料（要素）からある1つの形態（全体）を組み立てる行為である。まず、第1章第1節で述べた「視覚的分解・合成課題」のように、モデルである形態（これから組み立てようとする形態）が目前にあり、かつその材料も、同時に、ばらしてそのそばにあるとしよう。ただし、視覚的分解・合成課題と同じく、その材料は動かすことができないという条件にあるとする。この時、手で実際に動かせない各材料を、表象においてさまざまに動かす内的な過程が進行するであろう。この過程において、抽象的運動による空間的思考操作が進行すると思われる。より具体的に述べる。

　モデルを大きな公共の建物（たとえば東京駅）の模型だとし、その手前にそれを構成する材料を、視覚的・分解合成課題と同様に、東京駅の模型をつくるのに不必要な材料も含めて（つまり余分に）ばらばらに置き、かつそれらは手で持って動かすことができないとしよう。この場合、おそらく、1つ、あるいはそれ以上の材料（部分）を東京駅（模型）という1つの全体に、選択した材料の形や大きさをさまざまに変化させつつ、位置づける（たとえば、たくさんの窓枠の一辺として、また斜めの屋根の外枠として、さらには巨大な建築物を支える垂直な柱などとして）。ここにおいて、材料（部分）を東京駅の模型（全体）の各所に適切に位置づけつつ、合体させると同時に、全体を部分に分解する内的な過程が進行するであろう。この内的な過程において、知覚像やイメージの自由な運動的操作である抽象的運動が機能すると思われる。つまり、どのような形や大きさの材料（部分）を、大きくて、複雑な東京駅の模型（全体）のどこにどのように（方向など）位置づけるのかを、それらの材料を頭の中でさまざまに動かしながら（立てたり、横

にしたり、斜めにしたり、あるいは裏返しにしたり）、組み立てる。その内的な操作そのものが、内的な運動的操作である抽象的運動だと想定し得るであろう。では、以上の東京駅の模型の構成課題を、材料（部分）を手で動かせるという条件で行った場合はどうか。

　その場合には、おそらく、材料（部分）が東京駅の模型（全体）のどこに位置づけられるかを考えながら（頭の中で材料をさまざまに動かしながら）、それ（ら）を手に取る。そしてそれ（ら）を全体（東京駅の模型）の姿を知覚しつつ、あるいは完成形を想像しつつ、適当と思われるところに位置づけるであろう。この過程において、材料をある地点（位置）に置いたり、また別の地点に置き換えたり、あるいはいったん置いたものを引き抜いたりといった、行きつ戻りつの操作が行われるであろう。それは実際の手による運動的操作の過程であるが、そこに知覚像やイメージの運動的操作が必ず随伴すると考えられる。何故なら、その場合、闇雲に手で材料を動かす（操作する）のではなく、全体と部分との関係を考えながら、あるいは内的に材料を操作しながら、この構成の作業を遂行すると考えられるからである。第2の具体例は距離の把握である。

　筆者の指導実践における、長さ（センチメートル単位）を測定することに困難を示す軽い知的障害のある小学校児童（通常の学級に所属）の例をあげる。彼は、小学校で、定規（単位）を使って物の長さを測定するという課題を行っていたが、学校でもうまく測定できず、家で母親が指導してもうまくいかないという状況にあった。その時、小学校の教師は、定規の目盛りの原点、すなわちゼロの位置（目盛り）を、測定しようとするものの端に正しく当てる（定規の目盛りのゼロの位置と測定するものの端を合わせる）、ということを目下の指導の目標にし、母親にも家庭でそのような指導をするように促していた。しかし母親の話によれば、何度やっても、その意味を理解できず、またゼロの目盛りと物の端とを正確に合わせることもできなかった。この時、筆者はこの少年が定規を正しく使用できないのは、距離の概念を獲得していないからではないかと考え、次の2つを母親に指示した。

　①はじめは、定規の目盛りのゼロの位置を物の端に合わせるのではなく、それよりも大きい数値の目盛り、1センチや2センチ、あるいはそれらより

も大きい数値の目盛りを物の端に、「任意に」合わせ、その過程で、各目盛りの単なる（任意の）1つとして、ゼロの目盛りを物の端に合わせさせる。

②それと同時に、ある目盛り（位置）から別の目盛り（位置）までの距離または長さ（1センチとか、2センチとか、あるいはより大きいセンチとか）を、その位置から別の位置までの動きとして、つまり手指をその距離の間だけなぞる動き、あるいは距離が長い場合はそれを歩く動きを想像させること（これは、第1章第2節で述べたクライストの身体部分が空間の一点から他の一点へと移動する際にたどる行程の意識、つまり行程表象に当たるであろう）などによって、距離または長さを把握させる。

この指示を与えて1週間が経った時、母親は筆者に次のように述べた。すなわち、家庭学習で、上の指示のようにしたところ、少年は、定規を使って物の長さを測定することが直ちにできるようになった（母親は少年が「一発でわかった」と言った）、と。それは、おそらく、距離を自己身体の動きとして描くことによって把握する、つまり内的な動きと距離とを結びつけることによって把握し、それに基づいて距離または長さを測る道具である定規の使い方を理解したと考えることができよう。この時、距離の表象を導き出す内的な運動、または内的な運動的操作が抽象的運動であると想定できる。

抽象的運動は、この章で取り上げた他の諸概念、すなわち運動イメージ（心的回転などによって測定し得る）、メルロ＝ポンティの潜勢的運動（運動の背景を成し、潜在的空間を結果する）、グリューンバウムの虚性行為（認識が包含する内的な行為）などと通底する部分を持っている。その部分とは、筋肉運動としては表に表れない、内的な（内に秘めた）運動であり、かつ実際の筋肉運動や認識と相俟って正常な運動や認識を遂行する役割を果たす、というものである。その意味において、これらにおいても、抽象的運動、すなわち知覚像やイメージの自由な運動的操作が働いている、と考えることができよう。

続く章で、運動と認識とが連関することを主張する2種類の理論を検討する。1つが認識発達理論（ピアジェ説）、もう1つが想像力の理論（ジョンソン説と月本説）である。これらを取り上げる理由は、それらが、ともに運動と思考との連関に関するもっとも先鋭的な理論であるからであり、かつそ

れらが、ともに運動の内面化説の立場に立っており、それゆえ抽象的運動が
その連関における必須の役割を果たすと思われるからである。

第3章
認識発達理論——ピアジェの発生的認識論

　ピアジェ説（発生的認識論）は運動が内面化することによって思考が形づくられるという説（運動の内面化説）である（仲山，2007；2015）。同説においてピアジェは、発達最初期の運動から発達の後期に出現する思考操作までを一つながりの発達過程として描こうとした。その基本的なアイディアは外的で、個体的な運動が発達とともに内面化されることと、内面化された運動の表象が内的で、社会的な認識や思考に転換されることである。

　それゆえ本章における主要な問題は、ピアジェが、運動から思考に至る発達の道筋を整合的に描くことができているか否かということと、その過程において高次かつ内的な運動、すなわち抽象的運動がどのような役割を果たすか、ということである。

　ピアジェ説は、運動を根本要素に据えて構築された認識または論理的思考の発達理論であり、感覚を根本要素に据えるそれまでの心理学とは一線を画する斬新なものであった。それまでの心理学の行き方は、認識のもっとも基礎的なレベルである感覚を心理の最小単位（根本要素）であると想定し、それらを組み合わせることによって高次な心理機能の出現を説明しようとするものであった。それは、物質の科学において、物質や生体をより小さい単位、すなわち分子、原子、素粒子の組み合わせによって説明しようとするのと、非常によく似ている。これに対してピアジェは、外界の刺激を単に感受する受動的な感覚ではなく、能動的に外界に働きかける運動（随意運動＝運動的行為）を根本要素に据えた。これは、人間の行為における随意性や合目

的性などを説明する上で有利な立場に立つことを意味する。

運動を根本要素に据えるということは、また、言語あるいは社会的協働以外の筋道を辿って論理的思考に迫ろうとする行き方をとる、ということを意味するであろう。思考にとって言語はきわめて重要な役割を果たす。しかし、思考と言語とは同じではない。つまり思考を言語に還元し尽くすことはできないと言える。それゆえ、運動を根本要素に据えることによって、ピアジェは、言語の辿る道筋とは別に、運動によって、あるいは運動が言語と連携することによって、論理的思考へと至る道筋を描こうとした、とも言える。

ピアジェ説を取り上げる理由は、それが、認識発達理論の中で、思考または認識の発達における運動の役割をもっとも端的に、かつもっとも体系的に示しており、したがってその立場に立つ認識発達理論の代表的なものだと思われ、かつその画期的な意義は今も失われていない——ピアジェ説は、今日においても「美しい標準モデル」（川田, 2007）とも評される——からである。ただし、それは未完成である。ピアジェ自身も、自分の理論を完成されたものとは考えておらず、自分自身をピアジェ説の改革者の一人と見なしていた（Piaget, 1968, 訳書 p.2）。

ピアジェ自身が自己の理論を未完成だと考えていたように、彼の理論の中核をなす運動と思考との連関の問題は未解決である。そのことは、加藤・日下・足立他（1996）が、この問題を主要な争点の1つとして、ピアジェとワロンとの間で20世紀前半に行われた古い論争（Piaget et Wallon, 1928）を新たな関連資料とともに紹介し、それから20年以上経過した最近もそれに言及している（加藤, 2015）ことは、この問題が未解決であり、したがって今後一層の議論が必要であること示唆していよう。

知的行動に関する多くの心理学的研究や認識論に多大の影響を与えてきたピアジェ説は、運動が認識発達に重要な役割を演じるとする思想や理論の拠り所の1つとなってきたように思われる。しかしながら、彼の理論は一般にわかりにくいとされている（加藤・日下・足立他, 1996）。

吉田（1965）は、ピアジェの論理学を検討する際に、他にそれに関する大部な著作（たとえば "Traité de Logique," 1949年）があるにもかかわらず、

「ピアジェのものとしては珍しくすっきり書かれて」いる小冊子 *“Logic and Psychology”*（1953年）を主として用いる、という行き方をとった。それはおそらく、わかりにくいピアジェの主張を明確にするためであっただろう。筆者も同じ趣旨で、ここで検討する文献を主として次の 2 つに絞りたいと思う。すなわち、感覚運動的知能と初歩的な表象機能の発達を扱った、彼の主著とも目される *“La naissance de l’intelligence chez l’enfant. 2em ed.”*（Piaget, 1948）と、知能や思考の発達についてのピアジェの基本的な考えが簡潔に示されている *“La psychologie de l’intelligence”*（Piaget, 1949）である。これらの中に、認識発達における運動の役割についての彼の考えの大要が示されている、と思われるからである。

　ピアジェ（Piaget, 1949；1951；1977）によれば、知能の基本的な形式は運動から生じる。そして認識発達は、感覚運動期（ 0 - 2 歳頃）、前操作的表象期（ 2 歳頃 - 6 、 7 歳）、具体的操作期（ 6 、 7 -11、12歳）、形式的操作期（11、12歳以降）の 4 つの段階をこの順に上昇する連続的な過程であり、各段階は互いに異なる中核的単位（または構造）を持つ。それらは運動（mouvement）、イメージ（image mentale）、操作（opération：具体的および形式的）の 3 つであり、運動から操作までは一つながりのものである。

　このうち、運動は実際の身体の運動を指すので、認識における中核的単位は、イメージと操作の 2 つであることになる。そこで、その 2 つがどのように形成されるのかを見ていくことにするが、その前に認識と発達の出発点であり、運動を中核的単位とする感覚運動期の概要を述べておくことにする。その時期の運動が、次第に内面化されて認識の中核的単位となる、すなわちそれが、認識またはその高次な単位である思考の起源となるからであり、したがってイメージや操作の理解に繋がり得るからである。

　なお、ピアジェ説においては、形式的には構造の中に中核的単位が位置する（あるいは構造が中核的単位を包含する）とも解釈しうる。しかしながら同説では、実質的に 1 つの構造は 1 つの中核的単位を指し示し、同時に 1 つの中核的単位は 1 つの構造を指し示す。それゆえにピアジェは認識の中核的単位であるイメージと操作を、それぞれ「イメージ構造」、「操作構造」とも記述する。この場合の構造はそれぞれイメージの構造、操作の構造ではな

く、イメージという構造、操作という構造という意味であり、構造がイメージや操作と同格に用いられている。つまり彼は、中核的単位と構造とを実質的には同義として扱っている。本論文でも、この解釈にしたがって両者を同義であると見なすことにする。

第1節　運動の形成——感覚運動期の概要

ピアジェ（Piaget, 1948）によれば、感覚運動期は6つの段階に分かれる。第1段階は「反射の行使」（Piaget, 1948, p.30, 訳書 p.22）の段階（生後0-1か月頃）である。生物学的に見れば、生後数週間に観察される行動は非常に複雑であり、そこに次の3種のメカニズムが認められる。

> まず、脊髄、延髄、視床、あるいは皮質もふくめて、種々のレベルに属する反射がある（反射と本能との差は程度の差にすぎない）。第二に、この中枢神経系の反射にならんで、自律神経系の反射、および《原始 protopatique》感覚による反応がある。ワロンが精神発達のはじまりにおいて重要だと指摘した姿勢反射はここに含まれる。第三に、このようなメカニズムの体制を考える際、内分泌過程を無視することはできない。この過程は、多くの知的反応や情動反応に一役果たしていると考えられている。（Piaget, 1948, p.30, 訳書 p.22）

すなわちこの時期は、反射的行動が、環境との接触によって、わずかながら適応的な方向に修正されていく時期である。ただし、このような初期の諸行動における反射メカニズムの学習は、すでに調節（外界のものに自己を合わせる過程）や同化（外界のものを自己の中に取り込む過程）や体制化の複雑な働きを伴っている（同 p.49, 訳書 p.41）。

第2段階は、「最初の獲得性適応と第一次循環反応」（同 p.55, 訳書 p.48）の段階（1-4か月）である。この段階は第1段階の遺伝的適応の上に非生得的な適応が積み上げられる時期であり、言い換えれば、反射的過程が次第に皮質性の活動に統合され始める時期である。第2段階に出現する獲得性の

行動として、循環反応がある。これは、子どもが何かの運動をした時にたまたま子どもの興味を引く結果が得られたとすると、今度はその結果を得ようとして、いろいろな運動を行い、そのうちある運動が成功すると、その運動が反復（循環）されるようになる、というものである。その循環反応のうち、自分の身体にのみ関係する反応を第1次循環反応（自身に中心化した運動）、外的対象に関係する反応を第2次循環反応、自己の運動を調整する、あるいは自己の運動に変化をつけて、外界におけるその帰結を見るものを第3次循環反応という。第2段階に出現するのは第1次循環反応であり、その例（1か月3日のローラン）を次に示す。

　　　じゅうぶん目がさめていて吸啜を求めているときには、腕をやたらにバタつかせたりせず、ずっと口の方向に折りまげている。もう少し正確にいえば、偶然手が触れると口が手の方向に向かい、そしてそのとき（しかもそのときにかぎって）手が口の方へもどろうとするようにみえた。こういうことが何度かあった。結局、ローランは四度指をとらえることに成功した。指をくわえると手と腕はすぐに静止するが、これも数秒以上は続かなかった。——同日夕刻、ローランは授乳後まだ目をさましており、ときに激しく泣いて中断することはあったが、ずっと吸啜を求めつづけている。そこで私は彼の腕をとって、手を吸えるように口のところにもっていってやった。最初は抵抗していたが、唇が手にふれるとすぐ腕は抵抗するのをやめ、しばらくその位置にとどまっていた。（Piaget, 1948, p.60，訳書 pp.53-54）

　この場合、ローランの第1次循環反応は、「指を吸う」という行動であり、それが反復（循環）されていた。
　第3段階は、「《第二次循環反応》および《興味ある光景を持続させる手法》」（同 p.158，訳書 p.159）の段階（4–8か月）であり、「前知能的な操作から真に意図的な操作への移行形態である」（同 p.160，訳書 p.161）。この段階では、見た対象をつかむとか、触れた対象を目の前に持ってくるとかができる。視覚と把握とのこの協応は大きな進歩である。視界から物が消えても

（おもちゃが何かの背後に隠れた場合など）、その物があり続けるという認識の成立（物の永続性の成立）もこの段階で可能になり始める。しかしその永続性はその物に直接働きかけることが出来なくなると成立しなくなる。つまりこの段階の永続性は行為と結びついたそれである。第2次循環反応の例（3か月14日から4か月3日にかけてのローラン）を次に示す。

　　○：三（一四）（3か月14日——筆者注）、私が鎖を吊るしているあいだ（ローランは——筆者注）ガラガラを見ている（ガラガラに鎖が吊るされ、鎖を揺さぶるとガラガラから音が出る——筆者注）。しばらくじっとしていたあと、鎖をつかもうとする。しかし鎖は見ていない。手の甲に鎖が触れると鎖をつかむが、腕を振らずにそのままガラガラを見つめている。次いで、鎖をゆっくり揺すぶってその効果をためす。・・・
　　だが、そのすぐあとローランは知らずに鎖をはなしてしまう。そのときまで鎖を握っていた左手を固く握りしめたまま、右手は開いてじっとさせ、ガラガラを見ながら、あたかも鎖をまだ握っているかのように左腕を振りつづける。・・・——この最後の観察から、自分の把握運動と腕の揺すぶり運動とをガラガラの動きに協応させることはできても、これらが互いにどのように結びついているかは知らないことがわかる。（同 pp.167-168, 訳書 p.170）

　　○：三（二三）、ゴム製人形を屋根からぶら下げている紐をつかむと、すぐにこれを振りはじめる。この動作は、知覚した紐を習慣的シェマに同化したものにすぎないが、その当然の結果として屋根が揺れ、すぐ近くにあるガラガラが揺れる。するとローランはこの結果を予期していなかったらしく、これに次第に興味をひかれ、力を入れてゆすぶるようになる。（同 p.168, 訳書 p.171）

　　○：四（三）、ガラガラを揺すぶって音を出そうと、意図的に鎖や紐を引っ張る。このときの意図性は明白である。（同 p.168, 訳書 p.171）

　この場合、第2次循環反応は、鎖や紐を引っ張ることと、ガラガラの音を出すこととの反復（循環）である。したがって、この段階に至って、はじめて外界の事物に働きかけるようになったと言える。

　第4段階は、「第二次シェマの協応と新しい状況への適用」（同 p.214, 訳書 p.221）の段階（8-12か月）である。これは、「真の知的行動が初めて姿を現わす段階」（同 p.214, 訳書 p.221）であり、「第二次シェマどうしが協応（coordination）しているかどうかが、第四段階の行動の出現基準となる」（同 p.215, 訳書 p.222）。

　第2次シェマとは、ひとつのまとまりを持ち、繰り返し可能な活動単位であるシェマが別のシェマに関係づけられた時（目的に対する手段など：たとえば布の下のおもちゃをとるために布を剥ぐ場合、おもちゃが目的、剥ぐのが手段）、後者を第2次的シェマと言う。これらを協応させることによって子どもは物同士を互いに関係づけることを学ぶ。それは、シェマというものが対象に対して行使できる行為を代表しているからである。

　　子どもは、二つの異なったシェマの協応、つまりそれまでたがいに独立していた二つの行為の協応ができるようになってはじめて、見えなくなった対象を探すことや、自我から独立した固体性を対象に付与することもできるようになる。見えなくなった対象を探すということは、対象をおおっている遮蔽物を取り除くこと、対象が遮蔽物の背後にあるとみなすことにほかならないからである。それは要するに、対象を自己の行為との関わりにおいてだけでなく、現に知覚されている諸物との関係においてとらえることなのである。（同 pp.214-215, 訳書 pp.222-223）

　第2次的シェマの協応が可能になると、物相互を空間的に関係づけることができるようになる。

　第5段階は、「《第三次循環反応》と《能動的実験による新しい手段の発見》」の段階（12-18カ月）である。この段階は、「なによりもまず《対象》構築の段階だと言える。第五段階の特徴は、偶然の結果をただ再生するのでなく、実験によって、すなわち新しさそのものを探求することによって、新

しいシェマを形成するところにある」（同 p.267，訳書 p.275）。この「実験」
は、第3次循環反応においても見られる。すなわち、「しらべるための実
験」（同 p.282；訳書 p.289）は、興味ある結果をもたらした運動をただ反復
するのではなく、結果がどう変わるかを試しているように見える。次に、第
2次循環反応（第3段階）から第3次循環反応（第5段階）への移行の例
（10か月2日以降のローラン）を示す。

　　　○：一〇（二）、ローランははじめて見たひげそり用石鹸の容器（ホ
　ワイトメタル製）を探索する。・・・手を持ちかえながらあらゆる方向
　にひっくり返してみる。しかしこの石鹸箱は滑りやすく持ちにくいの
　で、二〜三度手から滑り落ちてしまう。彼はこの現象に驚いて、何度も
　再現させようとする。初めのうちは、これが本当に意図的な行為なのか
　はっきりしなかった。ローランは毎回石鹸を落とすまえに、しばらく手
　に持ってあちこちひっくり返すところから始めたからである。しかし回
　を重ねるにしたがって、頻繁にかつ誤たずに石鹸箱が落ちるようになっ
　た。落とすときのローランのやり方を次にみてもらえばよく分るだろ
　う。
　　　最初にローランの興味を惹いたのは、対象の軌道、すなわち落下とい
　う客観的現象ではなく、落すという行為そのものである。手のひらを上
　に向けてそっと手を開けば対象は指に沿って転げ落ち、腕を立てて手を
　ねじれば開いた親指と人さし指のあいだから後ろに落ち、手のひらを下
　にして開けばそのまま落ちる。
　　　この特徴のゆえに、この行動は第三次ではなく第二次の循環反応に分
　類できるのだということに注意しよう。《第三次》反応が始まるのは、
　彼がのちに対象の軌道に関心を持ち、真の《しらべてみる実験
　expérience pour voir》をするようになったとき、すなわち条件を変化
　させ、異なる状況で対象を落とし、それを目で追い、すぐ拾い戻そうと
　する、等の行動をしめすときである。（同 p.260，訳書 p.269）

要するに、第5段階は、シェマを適用する際に、活動の仕方を変化させ、

それによって対象がどう変化するかを見て、物の性質や新しい手段を探求する段階である。

そして第 6 段階は、「心的結合による新しい手段の発明」（同 p.331，訳書p.344）の段階（18か月 - 2 年）である。この段階に出現する行動はまったく新しい発達期の開始を告げている。それは「演繹すなわち心的結合による発明である」（同 pp.331-332，訳書 p.344）。この心的結合の例が、まさにイメージを生み出す例に当たる。そこで、次節でそれを詳しく述べることにする。

第 2 節　イメージの形成

ピアジェ説（Piaget, 1948）によれば、表象（représentation）、すなわち外界を心理的に代表するものの最初の形態であるイメージ（心像とも言う。両者は全く同義である）は感覚運動期の第 6 段階において模倣（imitation）が内面化（intériorisation）すること（心理的なものになること）によって生まれる。つまり、イメージは内面化された模倣である。

では、その模倣は具体的にはどのようなものを指し、またどのようにしてイメージを生み出すとされているだろうか。

まず例（Piaget, 1948：観察180）をあげる。これは他の著作（Piaget, 1946）にも記載され、かつもっとも詳細な説明が加えられている、おそらくピアジェの言うイメージを生み出す模倣の代表例である（仲山，2007）。

対象は生後 1 歳 4 か月のルシアンヌである。マッチ箱の中箱に鎖を入れ、3 ミリだけ隙間を残して箱を閉める。ルシアンヌはマッチ箱が開け閉めできることを知らず、実験者が準備しているところを見てもいない。彼女が持ち合わせているシェマ（活動単位または行動パターン）は、箱をひっくり返して鎖を出すことと、隙間に指を差し込んで鎖を引き出すことの 2 つだけである。はじめに後者のやり方、つまり指を差し込んで鎖を探ることを試みるが失敗する。そこでしばらく中断があった後、興味深い反応が出現する。

それは彼女が状況について思考しようとし、実行すべき操作を心的結

合によって表象しようとしていることを物語る反応である。それはさらに、表象の発生における模倣の役割をも証示している。すなわち、ルシアンヌは箱の口の拡大をまねる（mimer）のである。

　彼女はまず注意をこらして箱の口を見つめたあと、初めはかすかに、それから次第に大きく、何度も続けざまに自分の口を開閉する。箱の口の下に空洞があることを理解しており、それを拡げたがっているのは明らかである。表象するための努力が造形的（plastique）な形をとって表れたわけである。つまり、ことばや鮮明な視覚的イメージでもって状況を思考することができないので、「能記」すなわちシンボルとして、動作的表示（indication motrice）を用いているのである。この役割をみずから引き受ける動作的反応は模倣以外にない。模倣とはまさに行為による表象（représentation en actes）なのである。おそらくいかなる心像よりも前にこの行為による表象によって、現に知覚している光景の細部をきわ立たせ、そればかりか光景を意のままに喚起し再生することも可能になる。ルシアンヌは自分自身の口をあけることで、箱の口を拡げたいという願望を表明し、あるいは反省しているとさえ言ってよい。模倣というなじみのシェマが、状況を思考する手段となるのである。（観察180：Piaget, 1948, pp.337-338，訳書，p.351）

この例についてピアジェはさらに説明を加える。

　心像が最初から運動に付随するのでないとすれば、運動的なものから表象的なものへの移行を説明しうる中間項が必要であり、心像は思考されるより以前にいわば演じ（jouer）られねばならない。この中間項こそ模倣に他ならない。観察180でルシアンヌが目の前の箱を模倣したこと、それも本人には直接見えない器官である口の運動によって模倣したことは、この移行過程の見事な例証となっている。（同 p.355，訳書 p.368）

この例（観察180）が含意していることは、模倣、つまり人や物の形態ま

たは動きを真似る動作、言い換えれば現実の対象（モデル）を再現する自己の運動は、実際の運動と表象（イメージ）とを繋ぐ役割を果たす（媒介する）、ということである。

　この例における対象（モデル）は、マッチ箱の口の開閉（開閉する動き）であり、模倣はそれを自分の口の動きによって再現すること、すなわち自分の口を開いたり閉じたりすること、である。

　しかしながらこの例に関して、それがイメージをもたらす模倣の例として適当か、という疑問が生じるであろう。というのは、そこではモデルが模倣に先立って主体に呈示されていない、つまりそこでは、モデルを呈示する前に、何か（モデル）を再現する（または象る）動き（模倣）がすでに存在するからである。

　眼の前にモデルがない状況で、それを再現する過程（模倣）が起こるとき、その過程にはモデルについてのイメージが萌芽の形にせよ含まれている、と考えるのが自然ではないだろうか。しかもピアジェによればその過程には、「箱の口を拡げたい」という具体的な願望が含まれてさえいる。そこでもし、マッチ箱を見つめながら自己の口を開けたり閉じたりしているルシアンヌの内面に、すでにイメージが少しでも含まれているとすれば、この例はイメージをもたらす模倣の例としては不適当だと言えよう。なぜならピアジェの言う発生的関係──模倣が先（原因）で、イメージが後（結果）──が成立しないからである。

　しかしながらピアジェは、この例の他に同種の例として目前のモデルの形や動きを見ながら、あるいは見た直後に自己の運動または身体でモデルを模倣する諸例（たとえば Piaget, 1946：観察56, 58）をあげている。では、それらの場合には模倣とイメージとの間に発生的関係は成り立つだろうか。厳密に言えば、これらにおいても、必ずしも発生的関係が成り立つとは限らないであろう。というのは、時間的な順序関係と発生的因果関係とは必ずしも一致しない（Wallon, 1942, p.23ff., 訳書 p.26ff.）、つまり、必ずしも、先に起こったものが後に起こったものの原因であるとは、限らないからである。

　しかしながら、イメージがまったく存在していない状態からそれが存在するに至る厳密な一点を同定することは、われわれの時代が持っている知識や

測定手段ではおそらく不可能であろう。またもしそのことが可能だとしても、それがどれほどの意味を持つのか疑問である。

　そこでイメージや操作の形成の問題に関しては、無から有への飛躍の過程ではなく、主体にとって有意味な機能を果たすようになる変化の過程——この意味で形成または発生という用語を用いることにする——に焦点を当て、その要因や機序などを議論することが生産的であるように思われる。この観点に立てば、観察180（ルシアンヌの例）をはじめイメージの形成に関わるものとして彼があげているすべての模倣の例をここでの議論の対象とすることができる。

　それらを概括すれば、ピアジェ（Piaget, 1946；1948）における模倣とは、外界の対象の形や動き（モデル）を運動によって再現する過程全般である。この過程は「能動的な模写」（copie active——Piaget, 1948）とも表現しうる。というのは、それは実際のモデルを自己の運動によって写し取る、あるいは象る過程だからである。この場合、モデルは人でも物でも、あるいは静止していても動いていてもよく、またモデルの呈示は模倣の前でも同時でも後でもよい。さらに彼（Piaget, 1946）によれば、描画（dessin）も模倣の一種である。それはおそらく、描画が何かを象る動きを意味するからであろう。したがって彼の言う模倣の範囲はきわめて広いことになる。

　これに関して月本（2010b）は、ピアジェと同様に模倣をイメージの形成要因と位置づけているが、対象としては他者の動作のみをあげ、イメージの形成には他者の介在が必要であると主張する。この主張自体は示唆に富むが、イメージの形成要因に模倣を位置づける際には、その対象にはピアジェにおけるように、知覚し得るすべてのものが含まれると仮定するのが適切であろう。というのは、問題とされているのが運動とイメージとの一般的な関係だからである。

　したがってピアジェ説におけるイメージとは、模倣として実行される運動それ自体が内面化されたもの（内的模倣）である。つまりその本質は、イメージが内的な運動（actions intériorées）であること、したがって運動がイメージの構成要素に転換する（運動がイメージの内容を構成する）ことである。

　イメージが、模倣または運動と連関して生成されるという見方は、他にも散見される。たとえば、村田（2007）は、「ふり行動」（pretending）――何かをするふり、子どもの場合は、たとえば積み木を食べ物に見立てて、口に運ぶこと――に関して、こう述べる。

　　思考と行為とを結び付ける契機のなかでポイントとなっているのは、明らかに、「ふり」をする活動です。「ふり」をするというのは、ベルクソンの言葉を使うと、「思考を外側で演じること」であり、そこで実現された思考は「演ぜられた記憶」の一種ということになります。スキーの例（久しぶりのスキーを行う前に、その実行の可否についての不安があるので、滑るふりをすること、これはいわゆるイメージ・トレーニングに類する行為であろう――筆者注）では、思考から行為へ至る「ふり」をすることが位置付けられていますが、逆の方向でこれが重要な意味をもつこともあります。その代表が、子供が表象能力を獲得する際の、模倣やごっこ遊びなどの「ふり」をする行為の役割です。例えば発達心理学者のH.ワロンによると、子供は2歳頃から「投影的段階」に進み、その段階の最後には、眼前に他人がいないときに、その人の行為を模倣できるようになるとのことです。このとき子供は不在の他人をはっきり対象としてイメージしているのではなく、むしろイメージを身振りへ「投影」することによって表象しているといわれます。そして、子供はこのような身体による表象を経ることによって、イメージによる表象へ至るのだというわけです。こうして見てくると、「ふり」をすることは、想像的生と現実的生、思考と行為を結ぶ転轍機の役割を果たしているといってもよいように思われます。（村田, 2007, pp.67-68）

　つまり、彼によれば、身体による表象を経てイメージによる表象へ至る、あるいは身振りという運動が、イメージまたはイメージによる表象へ移行する、ということになる。
　ところでピアジェ（Piaget, 1946；1949）は、別のところでイメージを次のような知覚活動（activité perceptive）の所産である、とも述べている。

これに関する彼の所説は次の通りである。

知覚活動は知覚それ自体とは別のものである。それは、視線や器官の運動（実際の、あるいは頭の中の）から成り、その1つの形態が空間内での「視線の移動」である。視線の移動は中心化した各箇所を相互に比較するという過程を指し、その1つの所産が、知覚（形や大きさ）の恒常性である。恒常性とは、たとえば形の恒常性について言えば、対象を見る方向が変化すれば網膜に映る対象の像も変化するが、その対象は依然として同一のものとして知覚される現象である。そして知覚には2つの種類がある。ほとんど発達的に変化しない一次的知覚と、発達的に変化する、獲得性の二次的知覚である。知覚的活動は、一次的知覚がもともと持っている中心化の結果や歪みを修正し、二次的知覚を生み出すはたらきをする（ふつう知覚と言う場合はこの二次的知覚を指すと思われる。本論文でも断りなしに知覚と言う場合、これを指すものとする）。そして彼は、知覚成立に描写運動（movements descriptifs）が必要であるとするドラクロア（H.Delacroix）の研究を引用し、その描写運動を知覚活動に固有のものである、としている。さらに彼は、「この知覚活動こそ（知覚そのものではなくて）心像（image）をつくるものであり、一種のシェマ、あるいは知覚した事物の要約であって、感覚活力（vivacité sensorielle）の継続ではない」（Piget, 1946, p.80；訳書，1, p.142）、とする。

ピアジェにおいては、この知覚活動を、模倣と同一、あるいは模倣と同じ機能を果たすものと仮定できるであろう。というのは知覚活動が知覚だけでなく、模倣によって形成されるイメージをも形成し、また知覚活動は模倣と同じく、外界の対象を模写する、あるいは描写する運動から成り立つ——Delacroix は描写運動を模倣と同一視する——からである。

この仮定から、ピアジェ説においては知覚活動の所産である知覚と、模倣の所産であるイメージとが同じものである、という推論を導きうるであろう。この推論はピアジェ（Piaget, 1949）が認識発達の過程を議論する際に、イメージと操作とを対比的に論じているのと同じ枠組みで、知覚と操作とを対比的に論じていること、すなわち発達段階の上でイメージと知覚は、ともに操作の直前に位置づけられていることからも支持されよう。

　ピアジェ説においてイメージと知覚とが同じであるとすれば、イメージが運動を構成要素として形づくられるとするピアジェ説は一定の根拠を持つ作業仮説として受け入れられるであろう。なぜなら、知覚が運動的要素を包含することによって成立することは、多くの研究（Запорожец, 1960；Held & Hein, 1963；Saltz, Dixon, Johnson, 1977；Saltz & Donnenwerth-Nolan, 1981；Saltz & Dixon, 1982；鳥居，1982；佐々木，1984；白岩・林，2009）が示唆しているからである。

　こうして、イメージは模倣として実行される運動が内面化されたもの（内的運動 actions intériorisées）によって形づくられるというピアジェ（Piagt, 1946；1948）の主張は実験データに照らしても妥当であり、すでに確立された見方であると言ってもよいであろう。それゆえイメージの形成においては、運動は必須の要素、すなわちイメージとの必然的連関を持つものと言える。彼によれば、内的運動は、また、可能的運動（actions possibles）、または潜在的運動（actions virtuelles）とも言う。彼がそう言うのは、それが、ふだんは外に表出しないが、必要があれば、実際に駆動し得る、つまり、内に秘められた運動だからだと思われる。とすれば、それは筆者の言う抽象的運動の性質でもあり、またメルロ＝ポンティの言う潜勢的運動または抽象的運動（MP）とも通底するであろう。抽象的運動も潜勢的運動も、潜在性や可能性などを重要な性質として持つからである。

　ただしワロン（Wallon, 1951）は、ピアジェの心像（イメージ）形成論に異論を唱えている。彼は感覚運動的知能と表象的思考とは発達的に不連続であり、表象的思考（それゆえ表象も）は、感覚運動的経験だけでなく、感情的経験にも起源を持つとしている。しかしながらワロンのこの指摘はその後も具体的に展開されておらず（加藤・日下・足立他，1996）、したがって少なくとも今のところはイメージが運動によって形づくられるとする上の結論を変更する必要はない、と筆者は考える。

　こうしてピアジェ説によれば、イメージは運動によって形づくられる。では、より高次の認識の中核的単位である操作または思考の形成においてはどうか。

第3節 操作の形成

　認識発達の最終段階で現れる操作は、思考の形式または筋道であり、その機能は対象に働きかけること、あるいは諸対象を結びつけることである。

　ピアジェ（Piaget, 1949）によれば、操作は運動と一つながりの連続性を持っている。言い換えれば、運動が発展していって操作になる。したがって発達段階で言えば、その起源は運動を中核的単位とする感覚運動期にあることになる。感覚運動期と操作期との間には前操作的表象期（イメージを中核的単位とする段階）があるが、それは運動を心的に再構成する時期、すなわち運動から操作への中間段階に位置づけられている。したがってそれは操作への準備段階と見ることができよう。

　こうした段階を経て現れる操作は、運動が内面化され、かつ「統一的な構造に組織化された」（Piaget, 1949, p.44）ものである。つまりそれは内的運動の体系（systèmes）であり、したがって操作の段階（具体的操作期と形式的操作期から成る）に達すると、かつて身体器官で行っていた運動または運動的操作を頭の中で（心的に）、かつ組織（体系）的に行えるようになる。

　こうして操作の特徴は2つあることになる。1つは、運動が内面化されるという点である。ただしこれは運動の拡張と結びついている。すなわち運動は内面化されつつ、拡張される（Piaget, 1949）のである。拡張性というのは、内面化された運動が実際の運動に比べて、適用範囲が広い、すなわち、より広い範囲で自己の身体や物を動かせるということである。たとえば、プールの横幅の10メートルしか泳げなかった子どもが、想像上は、縦幅の25メートルを泳げるとか、手の届かない棚の上にあるおもちゃを、想像上は取れるとか、実際の運動よりも自己身体や物を広く、自由に動かせる、ということである。先述のように、ピアジェ（Piaget, 1948；1949）およびピアジェら（Piaget et Inhelder, 1948）によれば、この拡張性を有する内的運動は潜在的で、可能的である（潜在的運動でもあり、かつ可能的運動でもある）。

　運動の内面化という点は、イメージの形成の場合も同じであった。ただし、イメージの形成の場合には、内面化したもの（内的運動）がイメージの

構成要素（いわば内容）に転換されるのに対し、操作の場合には内面化したものがそのまま操作（いわば形式）になる、という相違が存在する。つまり、操作はイメージとは異なり、外界の映像などの具体的な内容を指すのではなく、抽象的な形式を指す。この場合の形式は運動の軌道または行程を表すとも解釈され、それゆえイメージと操作とは、非言語的、非命題的という点では共通点を持つが、前者は内容、後者は形式という存在様式上の差異が存在する。この点はこれまで曖昧なままで議論されていたので、今後明確に区別すべきである、と思う。

　もう1つの操作の特徴は、体系性である。ピアジェ説においては、この点が操作のより本質的な特徴である、と思われる。何故なら、次のような操作段階に固有とされる特徴は、操作が体系化（群性体および群・束構造としてモデル化される）されているという、まさにそのことによって生み出されるものだからである。すなわち、それらは主体と環境との、あるいは諸操作間の最高度に安定した均衡（可動的な均衡 équilibre mobile：安定した環境への適応）と、それに基づく思考または操作における弾力性と可逆性（柔軟な思考または操作）、および完全な脱中心化と客観性（客観的な思考または認識）などである（Piaget, 1949）。

　このように、操作の本性（propre）は体系をつくるという点にあり、したがってただ1つの操作はもはや操作ではない（Piaget, 1949）。では、その操作の体系はどこから生まれてくるだろうか。

　ピアジェ（Piaget, 1949）は、操作の起源は感覚運動期の運動にあるとする。とすれば、操作はただちに操作の体系を意味するので、操作の体系の起源も同じくそれであることになる。しかしながら、操作体系の起源を感覚運動期の運動（または運動構造）に求めることは妥当ではない、と筆者は考える。何故なら、運動は、本来操作のような体系性を持たないからである。

　ピアジェ（Piaget, 1949）によれば、感覚運動期の運動は、個々の運動（運動的操作）が活動の時間的流れに沿って互いに協調することから成り立っているに過ぎず、したがってそれは状態の継起でしかない。こういう状況では、個々の運動は相対的に孤立したままであり、分化した柔軟な協調は認められない。それゆえに運動は低次の均衡である部分的な均衡（équilibre partiel）にしか達し得ず、そのため非可逆的である、すなわち一つの道筋（または方向）しか持たない。非可逆的（性）というのは、対の（可逆的な）行為、たとえば押したり引いたり、開けたり閉めたり、行ったり来たり（行きつ戻りつ）、足したり引いたり、掛けたり割ったりの一方しか行えない性質を指している、と思われる。

　操作は、個々の運動が相互に結び合い、体系化することによって形づくられる（Piaget, 1949）のであるから、そうした相対的に孤立したままの運動の状態は操作とは反対の極にあるものである。

　したがってピアジェ説においては、操作固有の体系の由来を運動に求めることはできないであろう。操作の本性である体系の由来を運動に求められないということは、操作それ自体の由来を運動に求められない、したがって操作の形成要因を運動と見ることができない、ということである。

　では、運動が心的に再構成される（整えられる）段階であり、かつ操作期の直前の段階でもある前操作的表象期の中核的単位であるイメージ（またはイメージ構造）に操作の起源を求めることはできるだろうか。おそらくそれもできないであろう。何故なら、イメージも操作のような体系性を持たないからである。このことに関連してワロンも、ピアジェ説における表象は操作の素材に過ぎない、と述べている。すなわち、ワロンにとって、「表象とは、現実から引き離された操作の素材にすぎず、現実を思い起こし、現実の諸要素——少なくともこれまで我々がイメージや名詞や何らかの弁別的な記号を対応させることができた現実の諸要素——を結合させ得るための操作の素材にすぎない」（Wallon, 1951）のである。

　イメージに操作の起源を求められないということは、前操作的表象期と、それに続く操作期との間に発生的な関係はない、つまり連続していない（乖離がある）、ということを意味している。

　主として体系性の有無による、イメージを中核的単位とする前操作的表象期と操作を中核的単位とする操作期（具体的および形式的）との区別は、構成行為における形態の知覚（像）またはイメージと、形態の構成との区別に類比して考えることができよう。すなわちこうである。

　幼児は、はやくから、円形と三角形を弁別（知覚）することも、それらを

型枠に正しくはめる（形態と型枠を対応づける）こと（手の動作または操作）もでき、かつそれらの形態を思い浮かべる（イメージする）こともできるが、それらを描き分けること、すなわちそれらを構成することがなかなかできない。これは、第1章第1節で述べたように、形態を知覚や運動、あるいはイメージの上で区別することと、形態を描き分けること——構成要素（辺や角など）の空間的相互関係の把握を必然的に含む——、あるいは構成することとの間には、大きな相違、乖離、不連続があるからである。そして後者の形態の構成における空間的相互関係の樹立（把握）が、ピアジェの操作における体系性の獲得に相当するのではないか、と思われる。というのは、構成行為を正しく遂行するには、構成要素から形態を組み立てたり、形態を構成要素に分解したりする、行きつ戻りつの関係（可逆性または可逆操作）、つまり部分と全体とを整合的に関係づける操作が必要であり、操作における体系（性）の獲得というのは、そのような部分と全体との双方向の可逆的な構造の樹立を意味する、と思われるからである。

　ピアジェ（Piaget, 1949）は、おそらく、イメージから操作への移行を整合的に説明し得ないが故に、次のように、前者から後者への移行が「突然」に生じる、と表さざるを得なかったのではないだろうか。

　はじめに形づくられる操作（具体的操作）は、その直前の「直観的構造がいわば氷解して、突然（soudaine）に弾力性をもつようになることから」（p.149, 訳書 p.264）生まれ、またその操作を「特色づけている弾力ある均衡の特徴は、脱中心化のはたらきが、その限界に達して、突然（brusquement）組織的になる、という点にある」（p.152, 訳書 p.270）。

　こうしてピアジェの意図に反して、操作は運動と、また操作期は前操作的表象期と発生的に関係づけられておらず、したがって運動から操作までを一つながりのものととらえるのは困難である、と言わざるを得ないであろう。

　実は、ピアジェは運動から操作までが一つながりの過程である、と主張しておきながら、その起源を運動以外のものにも求めている。それは次のような社会的な協働（coopération）である（Piaget, 1949）。

　操作の群性体（具体的操作期の操作の論理数学的モデル）がつくられるようになっていくにつれて、子どもはだんだんと人々と協働できるようにな

る。

　　群性体は、本質的には、個人の知覚や自然発生的な直観を、自己中心
　的な見地から、開放して、関係の体系をうちたてることにある。このば
　あい、どんな見地に立つこともでき、その見地に応じて、ある項や関係
　から、別の項や関係へと、うつることができるのだ。だから群性体は、
　そのはじまりそのものから、見地の協調作用なのである。じっさい、こ
　のことは、観察者同士の協調作用を意味し、したがって、多くの個人の
　協働を意味している。（p.175，訳書 pp.307-308）

　すなわち、群性体は個人間の相互作用の体系であり、その形成はもともと
社会的協働を前提にしている。したがって操作の形成を社会的協働というも
のなしに理解するのはむずかしい。つまり、

　　社会的協働関係だけが、論理をつくりあげる（p.173，訳書 p.304）

ものなのだ。
　ピアジェがこう主張するように、操作あるいは論理が形成される過程に、
人々との協力や協同、あるいは相互作用、つまり社会的な協働が深く関わる
ことそれ自体は、多くの研究者に受けいれられるであろう。しかしながら操
作の形成を運動によって説明するはずであった彼の理論の中に、それが、発
達過程の途中（前操作期から操作期へ移行しようとする頃）から、操作の形
成の要因として唐突に、しかも運動とは何の関わりもなしに登場すること
は、第1に理論的不整合であり、第2に運動から操作までを結局は一つなが
りの過程として描けないことを別の形で表している、と言える。
　以上述べてきたことから、筆者は、ピアジェの認識発達理論を次のように
概括する。
　運動に続いて現れる中核的単位であるイメージが運動を構成要素として形
づくられるというピアジェの所説は、他のいくつかの研究に照らしても妥当
である。しかしながらイメージに続いて現れる中核的単位である操作の起源

を運動に求めるのは、理論的に無理がある。操作の起源をイメージに求めるのも、同様である。したがってピアジェ説においては、運動から操作までは発達的に連続していない。つまり、ピアジェの構築した理論を辿る限りにおいて、両者は一つながりのものではないと言える。発達最初期の運動から終盤の操作または思考操作までを一つながりのものとして整合的に描けないということは、運動と思考との発達的連関を樹立することができないということである。

　ピアジェ説は発達の階層的把握を試みた説、すなわち発達段階説である。それは、同じく発達段階説の立場に立つワロンから厳しい批判を浴び、それに対してピアジェも反論し（加藤・日下・足立・亀谷, 1996；加藤, 2015）、これを何回か繰り返した。ピアジェ－ワロン論争と呼ばれるこの論争の重要な争点は表象発生の問題であった（足立, 1996）。そこで、最後に、この論争を述べることにする。それによって、発達理論から運動と思考との連関の問題に迫ることの意義が、より明らかになるからである。

第4節　本章の総括
ピアジェ－ワロン論争とピアジェ説における抽象的運動の役割

　ワロンは、ピアジェの言う感覚運動的知能に相当する「場面の知能」と、ピアジェの言う自己中心的思考（表象的思考）と操作的思考を合わせた「推論的知能」とは、ともに操作的であるという共通点をもちつつも、そもそも「2つの異質的な機能の体系」（Wallon, 1942, p.48,　訳書 p.52）であって、両者の間に発生的関係はないと考える。彼はこう述べる。

　　感覚運動的な平面で発揮される場面の知能と、最も具体的な象徴から最も抽象的な象徴に至る様々な象徴に基づいて作用する推論的知能とをしばしば対立させてきた。前者は、パブロフが第一次信号系と名づけたもの、つまり現在の状況の感覚的印象に対応し、後者は、例えば、話し言葉の単語のような第一次信号の単純な象徴的代理である第二次信号に対応する、と言うこともできるであろう。しかし、感覚運動的な平面に

おいて、場面の知能はすでに操作的である。その知能は、単に受容的ではない。場面の知能は、その水準に応じて、ある場面での多少とも複雑な障害を克服するために、その場面のなかのいろいろな状況を再構成することができる。それゆえに、場面の知能は構成力をもったものといえる。しかし、それは、具体的なもののなかで働き、今、当座の成果を求めて働くことから、何か直接的なものに関わるという点で推論的知能とは異なっている。（Wallon, 1951）

　この記述から、ワロンとピアジェとの間に次のような対応関係を見いだすことができよう（発達順に示す）。

　　　＜ピアジェ＞　　　　　　　　　　　　＜ワロン＞
　　　感覚運動期の知能———————————場面の知能（具体的、
　　　　　　　　　　　　　　　　　　　　　　　直接的な操作）
　　　前操作的表象期の知能および操作期の知能——推論的知能（操作）

続けて、ワロンはこう述べる。

　　　私にとって表象とは、現実から引き離された操作の素材、・・・現実の諸要素を結合させえるための操作の素材にすぎない。
　　　この操作の素材は・・・心的生活の２つの極に関わっている。ひとつは生物学的な極であり、それは、情動表現、姿勢（態勢）、模擬、模倣及びそれらから発現するイメージによるものである。もう１つは、社会的な極であり、言語的思考（pensée parlée）によるものである。・・・（子どもは——筆者注）感覚運動的経験と言語的思考との間に、関係を確立しなければならないが、両者の構造は相異なっているのである。（同）

　この記述から、ワロンとピアジェとの間に次のような対応関係を見いだすことができよう（発達順に示す）。

```
　＜ピアジェ＞　　　　　　　　　　　＜ワロン＞
　感覚運動的知能（感覚運動期）────感覚運動的経験
　自己中心的思考（前操作的表象期）──表象的思考（情動、姿勢、模
　　　　　　　　　　　　　　　　　　　擬、模倣、あるいはそれらか
　　　　　　　　　　　　　　　　　　　ら発現するイメージ）
　操作的思考（操作期）───────言語的思考
```

　そして、表象と言語の関係に関しては、ワロンは次のように述べる。

　　表象的思考は具体的な経験にその起源を持ち、しかも具体的な経験と
　いうとき、感覚運動的経験だけでなく、彼（ピアジェ──筆者注）がい
　くぶん無視しているように思われる感情的経験にも表象的思考はその起
　源を持つのである。表象的思考が、言語的思考となる過程ではやはり、
　そのような具体的な経験にたちもどらなければならない。それゆえ表象
　的思考は、何よりもまず活動であって、事物の受動的な模写などではな
　い。表象的思考は、事物を表現するのと同じ程度に活動も表現する
　（同）。

　これらは、表象的思考は感覚運動的経験と感情的経験の両方から成る具体
的経験を起源とする活動であって、かつ言語的思考とは区別されるというこ
とを意味する。
　とすれば、ここまでのところから、ワロンは、感覚運動的経験と表象的思
考との間（2つは異質な機能の体系）も、表象的思考と言語的思考との間
（前者は後者の素材に過ぎない）も不連続であって、とりわけ前者の相違が
大きい、と考えていたように思われる。
　さらにワロンは、ピアジェが発達段階の構築において誤りを犯していると
言う。それは、ピアジェが時間的に先行するものが、その後に続くものの発
生因となると考えたことである。
　ピアジェは、「時間的に先立っているという事実と、構成上の先在性とが

おなじものでありうると信じていた。つまり、彼は、さいしょに生じるもの
が実体なのだ、すなわち、つぎに完成されるものの原因なのだ、と考えた」
（Wallon, 1942, p.26, 訳書 pp.26-27）。しかし、それは、「観念が、先だつもの
から直線的に出てくるべきものであり、直接のつながりによって生じるもの
にちがいないとでもいうかのように『時間的に先行するにすぎないものを、
原因とみなすあやまち』（post hoc propter hoc）に帰着させられることとな
る」（Wallon, 1942, p.241, 訳書 p.265）のである。

　ピアジェとは違ってワロンは、「行為（運動的知能）から思考（理性的思
考）への、飛躍をともなう移行を考えていた。前者から後者への移行は直線
的なものではなく、発生的起源も異なっていると考える」（足立, 1996,
p.180）のである。ワロンは、こう述べる。

　　　知能は、もっぱら運動的な反応にも、必ずしも欠けているわけではな
　　い。だが、このばあい、思考のはたらきの道すじとは、まったくちが
　　う。この二つを区別するものは、程度問題ではない。方向のちがいであ
　　り、目標のちがいであり、手段のちがいである。運動や運動的シェマ
　　が、単なる分裂やひきうつしによって、どうやって、認識のカテゴリー
　　をつくりだすことができるだろうか。（Wallon, 1942, p.48, 訳書 pp.52-
　　53）

　まとめよう。このようなワロンのピアジェに対する批判の要点は３つあ
る。第１は、場面の知能（感覚運動的知能）と推論的知能（表象的思考また
は自己中心的思考と操作的思考の２つから成る）とが、まったく違う機能系
であり、両者の間に発生的関係はないという点である。両者の関係は、運動
と表象との関係ということになる。運動と表象とが異なる機能系に属すると
いう点は理解できる。しかし両者に発生的関係がないという点は理解し難
い。というのは、ワロンが別のところで両者の密接な関係を示唆しているか
らである。すなわち、彼は次のように述べる。

　　　運動と表象との関係を、明白な仕方でふくんでいるようにみえる活動

形式は、模倣である。・・・模倣がつぎつぎに出現する諸段階は、・・・
状況から自動的に生じる実際的反応ともはや混同しないような運動状態
と、表象がイメージであらわされたり、合成されるべき特徴をはっきり
させたりすることができるまえに、すでに運動のなかに含まれている表
象状態とを、みとめなければならないのである。（Wallon, 1942, pp.134-
135，訳書 pp.150-151）

　すなわち、模倣という活動形式の中には、運動と同時に表象とが含まれて
いる。この場合の表象は、表象的思考における表象であり、ピアジェ説の自
己中心的思考における表象であるから、その段階の中核的単位であるイメー
ジに相当することになろう。とすると、彼のこの記述は、運動と、表象また
はイメージとの密接な連関を含意することになる。また、イメージは知覚と
ともに運動によって形づくられることは、多くの理論や研究データ（Piaget,
1948；Запорожец, 1960；月本，2010a；2010b；他多数）が示唆する。
　このようにワロンは、一方では運動と表象との間に飛躍があるとし、他方
では両者に密接な連関があることを示唆する。そして他の理論やデータは、
後者を示唆する。すなわち、彼自身の理論的示唆の矛盾と、他の多くの理論
やデータとの離齬から、ワロンの両者を発生的に峻別する見方には疑問を提
起せざるを得ない。
　第2は、表象的思考が感覚運動的経験だけでなく、感情的経験にも起源を
持つとした点である。ワロン（Wallon, 1954, p.141-142）によれば、それは
また、身体各部位相互の関係である姿勢とも結びついている。これらは、ワ
ロンの学説の特徴的なものとして紹介されることが多く（浜田，1994；加
藤，2015)、きわめて魅力的な、かつ発展可能性を秘めたアイディアであ
る。しかし、ワロン自身も他の研究者も、今のところ、ワロンのこのアイ
ディアをそれ以上展開しておらず、その解明は今後の課題である。ただし次
の点は、今後の理論の展開に深く関わるので、ここで指摘しておきたい。
　ワロンが、運動よりもむしろ情動あるいは感情的経験や姿勢を表象あるい
は認識につながるものとしているように見えるのは、運動が個人的なもので
ある——たとえばワロンは、「ピアジェは、シンボルの使用とか思考の表現

とかの能力を、運動というまったく個人的な要因に、還元する」（Wallon, 1942, pp.45-46, 訳書 p.49）と述べている――のに対し、情動や姿勢が社会的なものだと認識しているからではないか、と思われる。後者についてワロンはこう述べている。

　情動は、姿勢的活動の場から生じてくるものであり、それは「すべての姿勢的なもの、つまりシェリントン（Sherrington）の非常に広い定義で言う緊張性のものすべてと混じり合って、姿勢活動に固有の方向づけを与えるもの」である（Wallon, 1954, 訳書 p.168）。子どもは、まず自分自身の姿勢（態度）をとおして外の現実を意識するし、おとなでも、ある場面を心のなかで思い浮かべようとすれば、しばしばある一定の姿勢（態度）を取りつづけねばならない。そうすることによって、私たちは外の現実をはっきり意識することができ、また同時に自分自身をも意識することができる（同 p.171）。情動の中には自己塑形的活動（自己を形づくる活動）である表現が含まれ、それは姿勢機能から生じ、そして情動はこの姿勢機能の心的実現である（同 p.172）。情動は個人間の関係をその内に含み（同 p.173）、集団の中に一致した反応、姿勢（態度）、感覚をもたらすことができる。まさにそのことが、情動が人間社会において最初に果たさなければならなかった役割である（同 p.177）。情動によって人々の間に生まれる相互融即は心のやりとりの最初の形態であり、連帯が生まれる条件である（同 p.178）。情動生活は「意識の間個人的関係（relations interindividuelles）の最初の場」である（同 p.198）。

　このことは、自閉症の子どもの観察からも窺えよう。というのは、「自閉症の子供では、他者と感情を共有して応答し合う文脈が形成されにくいため、概念を一般化することがとても難しく、健常な子供に比べて概念の獲得が著しく遅れる」（Dreyfus & Taylor, 2015, p.36, 訳書58）、すなわち彼らにおいては、感情の共有の難しさと概念の形成の難しさとが共存するからである。

　ワロンが言うように、情動は、そして情動と密接に関わる限りにおいて姿勢も、人々を結びつけるもの、つまり社会的な作用を及ぼすものであるという指摘は正しいであろう。おそらくそれゆえに、彼はそれらに、認識あるい

は社会的記号につながり得るという可能性を付与した。しかし、実は運動も、ワロンが言うような、単に個人的なだけの存在ではない。

　奥井（2013）は、身体は個人のものであると同時に、社会に開かれているものでもある、とし、ドレイファスとテイラー（Dreyfus & Taylor, 2015, p.118, 訳書 p.193）も、「身体はとりわけ、社会的な意味が置かれる場所である。これは、間身体性と呼ぶことができる身体の特徴のことである」とする。すなわち身体の構造と、その機能である運動は、個人を超えた共通性を持ち、それゆえ身体化は、歴史、文化、言語、制度などと同様に公共的な眼をわれわれにもたらす（Johnson, 1987p.211, 訳書 p.396）のであり、身体や運動は、一般性、普遍性をも備えているのである。この運動または身体が社会的存在であるという点は、運動が思考に連関する要件の１つと思われるので、後で再び触れる。

　そして第3は、時間的順序関係を発生的関係と見なす誤りを冒しているという批判である。これは、とりわけピアジェ説におけるイメージと操作との間に当てはまる批判であろう。イメージを中核的単位とする前操作的表象期の直後に、操作を中核的単位とする操作期（具体的と形式的）が続くが、後者の体系性とその帰結である可逆性や弾力性などの特性は直前のイメージから導かれるものではないからである。

　ワロン（Wallon, 1951）が言うようにイメージは操作の素材であり得るし、また操作の媒体でもあり得るが、操作の本質的特徴を形づくるものではないので、操作はイメージとは相対的に独立したものと見るのが妥当であろう。

　こうして、ピアジェ説の描く認識発達は、発達最初期の運動を基底とし、それが連続的な段階を経て、思考操作に至る過程であり、そこに外的なものが入り込んだり、新しいものが生まれたりする余地はない。つまり、それは、運動の自己展開過程であり、それゆえ基底還元論に該当する、と言うことができる。

　ピアジェ説とワロン説はともに発達の階層説または段階説（加藤, 2014）である。しかし前者は連続性を過度に強調し、したがって相互依存性に過度の重点を置いた段階論であり、これに対して、非連続性を過度に強調する後

者は、相対的独立性に過度の重点を置いた説である、と言える。

　ワロン（Piaget et Wallon, 1928）は、ピアジェ説を、記述にしか過ぎないものを説明にしてしまっているとする。それは、ピアジェ説が発生的関係を整合的に説明し切れていないという点からすれば、理解できる。しかし、そうだとしてもピアジェの認識発達の記述は、その精密さ、理論的説明の巧妙さ、迫真性などにおいて傑出しており、かつてワロン（Piaget et Wallon, 1928）は、それが立ち帰るべき基本文献の１つだと言った。それは今でも同じである。

　ピアジェ説の基本的なアイディアは、外的、個体的な運動が発達とともに内面化される（イメージになる）ことと、内面化された運動の表象が内的、社会的な認識や思考に転換される（体系的な内的運動、あるいはイメージ操作、すなわち思考操作になる）ことであった。しかしピアジェは、彼の意図に反して、運動から操作までを一本の線で繋ぐことができなかった。その直接の原因は、最終段階の中核的単位である操作、すなわち体系的内的運動の出現を整合的に描けなかった、言い換えれば、その段階（操作を中核的単位とする段階）と前段階（イメージを中核的単位とする段階）との間に乖離があったからである。そのことは、体系的内的運動というものが存在しないからだろうか、あるいは内面化された運動、すなわち運動の表象と、思考との間に何らの連関もないことを意味するだろうか。

　これに関して筆者は、否と考える。なぜなら、ピアジェが体系的内的運動と呼んだものに相当する高次な運動の表象——発達の高次な段階で（発達の後期に）、新たに（創発的に）出現する抽象的で動的性格を持つ運動の表象、すなわち高次かつ内的な運動——が存在し、かつそれが関係または論理を抽象する過程、すなわち思考操作の過程に、別の形で関与する可能性が考えられるからである。

　これまでの議論から、この高次かつ内的な運動に相当するピアジェの体系的内的運動は、筆者が導入した概念である抽象的運動に等しいと言うことができる。何故なら、運動が内化することによって形づくられるイメージがさらに高次化かつ体系化されたものが操作であり、かつそれはイメージの自由な運動的操作を意味するからである。

　とすれば、抽象的運動が思考のカテゴリーとしては空間とより深く連関すると考えられ、かつ思考操作に類比し得るのであるから、操作も、空間的思考操作に等しいと見なすことが可能であろう。しかし、ピアジェ説においては、思考や経験のカテゴリーの相違は考慮されておらず、運動一般と思考一般との連関が主張されており、それは思考発達における運動要因の過度の一般化と強調の傾向を生む誤りをおかすこととなろう。

　ところで、抽象的運動は、運動の側から見れば、高次かつ内的な運動であるが、認識の側から見れば、想像またはイメージ操作であり、運動と、認識または思考の2つの側面を合わせ持つものであった。ピアジェ説における操作も、実質的には、イメージから発展した（イメージが高次化かつ体系化されたもの）イメージ操作であった。

　そこでさらに抽象的運動および想像（イメージ操作）と、思考操作との連関の可能性を検討するために、2つの想像力の理論を検討することにする。それらは、ジョンソン（Johnson, 1987；他）の身体化された想像力の理論と、それと基本的に同じ理論的枠組みを持つ月本（月本，2010b；他）の身体運動意味論である。

　彼らの想像力の理論を取り上げる理由は、それらが、運動を起源とする想像力によって運動と思考とを結びつけようとする理論だからであり、かつ運動の内面化説でもあるからである。想像力が思考または高次な認識と連関する可能性は、ピアジェ、ジョンソン、および月本のみならず、他の研究者も示唆する。たとえば、神経学者のダマシオは、「思考は主としてイメージでできている」（Damasio, 1994, p.106，訳書 p.175））と考える。発達の後期になって機能する空書や心的回転（「はじめに」の章参照）の存在もまた、高次な知的作業に想像またはイメージ操作が関与することを示唆するであろう。それらの課題の遂行に想像作用が使用される、と想定し得るからである。

第4章

想像力の理論

　イメージは、外界の人や物の姿形をあるがままに写し取ったもの、すなわちそれらの具体的な映像あるいは表象上の模写であるという点で知覚と共通するにもかかわらず、両者は異なるものと受け止められている。たとえば、サルトルは、イメージは「出現の当初から、そのあるがままの全貌をあらわす」ので、イメージとしての正六面体は、「直截に正六面体そのものとしてあたえられる」のに対し、知覚においては、「対象が側面の連続、射影の連続としてしか決して表われることがない」ので、正六面体は、「同時に三つの面を見ることは出来ても、決してそれ以上を見ることはできない」(Sartre, 1940, pp.22-24訳書 pp.12-14) とする。

　これは、先に述べた、技能に基づくアクセス可能性によって、「見えない細部が知覚に対してヴァーチャルに眼前する」とするノエ (Noë, 2004, p.67，訳書 p.101) の見方などとは同じではないが、知覚を1つの視点からの網膜像（あるいは写像）ととらえれば、同時に3つの面しかみることができないという言い方は可能であり、またアクセスが不可能な条件であれば、見えない細部は残存するのであって、その場合にも、やはり同様の言い方が成り立つであろう。つまり、どちらの見方（それらの正否の問題には立ち入らない）を取るにしても、イメージと知覚との相違はあり得るのである。

　しかし、より大きい相違と受け止められていることは、知覚が現実的で、客観的であるのに対し、イメージは非現実的で、主観的であるといったことであろう。これはおそらく想像が現実から離れる動きを含意するからであ

る。サルトル（Sartre, 1940, p.13；訳書 p.6）も、想像力は「意識の《非現実化》する偉大な機能」(la grande function《irréalisante》) だと規定する。非現実化する機能というのは、おそらく現実から離れる想像の動きを指している。

しかし、現実から離れるというとき、相反する2つの路線があり得る。1つは、現実から遊離し、白昼夢や自閉的思考などに陥る、文字通りの非現実化の路線であり、もう1つは現実または現実の知覚から離れることによって、逆に現実に深く入り込み（Выготский, 1932, 訳書 p.212）、現実を深く把握したり、操作したり、改造したりする、すなわち現実から離れることによって、逆に現実に深く入り込む一見矛盾する、現実化の路線である。

ヴィゴツキー（Выготский, 1932）によれば、「空想と現実とを劃然と区別する世間の考え方は間違っている」（訳書 p.19）。「想像と現実との結びつきの第一の形態は、想像のあらゆる創造物がつねに現実のなかからとられた諸要素、人間の以前の経験にふくまれている諸要素からつくりあげられている」（同）ことである。「経験は空想の建物をつくっている素材なの」であるから、「人間の経験が豊かであればあるだけ、その人の想像が自由にする材料は多くなるのである」（同 p.22）。また、「想像は人間の行為と発達においてきわめて重要な働きをする、想像は人間の経験の拡大の手段となる、というのは人間は自分が見なかったものを想像することができ、自分の直接的な個人の経験では存在しなかったことを他人の物語や記述によって思い描くことができ、人間は自分自身の経験の狭い範囲や狭い限界にとどまらないで、他人の歴史的乃至は社会的経験を想像力の助けをかりて自分のものとし、この限界をずっと越えて出ることができる」からである（同 p.26）。すなわち、ヴィゴツキー（Выготский, 1932）によれば、イメージの活動、すなわち想像は、一方において、次のような現実化機能を持ち得る。

それは、「それまでに蓄積された印象のうちから何か新しい系列を構築する」（訳書 p.191）活動である。しかし、どんなに幻想的な表象もその中に含まれる要素からみれば幻想的ではなく、「われわれの記憶の内容の中にしっかりと根をはっている」（同訳書 pp.193-195）のであり、それゆえイメージは、現実を把握したり、現実に働きかけたりする際に機能し得る。すなわち

それは現実化機能を持ち得るのである。また子どもの想像はコミュニケーションの基本的な形式、つまり子どもの意識の集団的社会的活動の基本形式と根本的に結びついており（同訳書 p.206）、イメージまたは想像の発達は、ことばの発達と結びついている。たとえば言語発達の遅れている子どもは想像力の発達も遅れており（同訳書 p.203）、また失語症（言語中枢の損傷による言語障害）者は、晴天の際に「今日は雨が降っています」とか、「今日は悪い天気です」とかといった文を復唱することができない。つまり彼は、直接の印象や現実に対応しないような文を組み立てたり、言ったりすることができず、見えていないものを想像することができない（同訳書 p.204）。「子どもの思考の発達と同様に想像の発達においても、基本的な屈折点はコトバの出現と一致する。学童期は子どもの現実的思考および自閉的思考（夢想的・空想的・自閉的思考、すなわち想像——筆者注）の発達における屈折点」であり、論理的思考と自閉的思考とは緊密な相互連関の中で発達する（同訳書 pp.210-211）。子どもの想像は、言語と同様に子どもを直接的印象から解き放ち、子どもの発達の中心的なモメントが同時に子どもの想像の発達の中心的なモメントである（同訳書 pp.201-205）。結局、

　　現実の正しい認識は、想像の一定の要素なしにはあり得ず、また現実から、その現実がわれわれの意識の要素的な活動においてあらわれる直接の具体的な個々の印象から飛翔することなしには不可能なのである。（同訳書 p.211）

　つまり、自閉的思考（この場合は想像と同義）と論理的思考とはきわめて密接な相互連関の中で発達する（同訳書 p.211）。
　ヴィゴツキーのこれらの言説が意味するのは、想像は常識的な見方とは異なって、構成要素からみれば現実の経験や記憶から成る、すなわちその材料は現実の中にあり、かつ言語または人々とのコミュニケーションと分かち難く結びついているということ、そして想像とはその現実的な要素または材料から新しい系列を構築し、現実から、あるいは現実の印象から飛翔することであり、かつ、常識的な見方とは逆に、現実からの飛翔なしには現実を正し

く認識することは不可能であるということ、である。

　われわれの関心は、想像のこの機能、すなわち現実から離れることによって、逆に現実の直中に入り込み、現実を深く認識したり、改造したり、加工したりする働きにある。

　この、想像の本性である現実からの遊離と、逆に現実との密接な結合とが同時に随伴するという構図に似た構図は、シュナイダーの障害の中にも見出すことができよう。すなわち、彼は、現実や客観に縛られている――それらから離れられない――が故に、現実を客観的に把握できない（第2章第2節第3項）のである。

　ところで、もちろん、知覚も現実化機能を有する。では現実化の機能において、知覚と想像とは、どのように区別されるだろうか。

　トーデス（Todes, 2001, p.130）は、知覚が、それによって何か現実の（actual）ものを指し示す経験の形であるのに対し、想像は、それによって何かあり得る（possible）ものを指し示す経験の形という関係、言い換えれば、知覚が経験における、「自明」または「自己証拠」（self-evidence）だとすれば、想像が、表象による「代理証拠」（proxy-evidence）という関係にある、とする。鈴木（2003）によれば、トーデスの知覚論は、知覚は現在の世界についての経験であり、何かが存在する場合にのみそれを知覚することができる（そうでなければ知覚しているように思える）のに対し、想像は世界の可能なあり方にまで開かれ、それが現実に存在しなくても想像することができる（存在し得るものを想像できる）という関係にあると考える。

　この観点に立てば、知覚と想像との相違は、主体の前に対象が存在するか否かということと、現実性の高低（現実的か否か、その程度）ということになり、したがってそれは、基礎となる表象と機能が同一だとする積山（1991）の見解と基本的に同じであることになろう。

　ただし、ここで、現実性ということに関して、2つの種類を区別しておく必要があるように思われる。1つは、今述べた現実に深く入り込み、現実を改造したり、加工したりする、すなわち現実を変革させる性質であり、もう1つは現実を現実のままに、またはあるがままに把握する、いわば現実に適合、あるいは適応する性質である。前者を現実変革性、後者を現実適応性と

呼ぶことにしよう。

　現実適応性の観点からは、現実の対象を目前にし、かつそこに止まる知覚の現実性が高く、そうでない想像のそれが低いことになる。では、同様の観点から見て、想像と言語とではどうか。

　この2つを比較すれば、現実性が高いのは想像であると思われる。何故なら、想像の範囲または限界は、現実に存在する可能性のあること、またはその可能性のある地点までであり、それ以上には及ばない——たとえば丸い四角は存在することは出来ず、想像することもできない（月本，2005b）——が、言語は想像の限界を超えて、どこまでも進んでいくからである。たとえば、数学者が描く3次元を超える高次元の空間、たとえば10次元の空間は言語で描くことはできる（記号操作可能である）が、想像はできない（想像可能ではない）（月本，2005b）。そもそも恣意的な記号である言語は、現実のものとの間に必然的な関係はなく、それ自体意味内容を持たないので、さまざまな程度に現実に拘束される知覚や想像とは異なり、自由度が極めて高く、それゆえ現実性は低いことになろう。つまり、現実適応性の観点からは、知覚、想像、言語の順に現実性が高いということになる。

　しかし、現実変革性の観点からは、この順序が逆になる。すなわち、その観点からは、現実性は、自由度が最も高い言語が最も高く、次にそれが高い想像、それが最も低い知覚の順となる、すなわち言語、想像、知覚の順に現実を変える可能性が高いということになろう。

　現実性に関してこのように規定し得るイメージまたは想像に関する理論であるジョンソン説と月本説は、運動と思考との連関を考える上で大きな意義を持っている。両説は、運動を起源とする想像（力）が、運動と思考とを結びつけると明確に主張し、かつピアジェよりもいっそう直接的に結びつけ得る理論だと思われるからである。しかし同時に克服すべき課題も孕んでいる。そこで次に両説を、運動と思考とを整合的に結びつけ得ているか否かという観点と、そこにおいて抽象的運動はどのように機能するかという観点から議論することにする。

第1節　ジョンソンの身体化された想像力の理論

　身体化された想像力の理論（theory of embodied imagination――Johnson, 1987, pp.xxv-xxvi, 訳書 p.36）によって運動（感覚運動的活動）と抽象的な思考や概念との間の連関を樹立しようと試みるジョンソンの説（ジョンソン説）も、ピアジェ説と同様に、イメージまたはイメージ操作によって運動と思考とを連関させようとする理論であり、かつ運動の内面化によって思考や概念の形成を説明しようとする理論である。

　その基本的なアイディアは、感覚運動的な活動または経験から生成されたイメージの構造（イメージ図式）が抽象的な知的領域に投射されることによって論理的思考や概念などが形づくられる、というものである。

　感覚運動的な活動または経験というのは、身体的な活動または経験を指す。それは、本論文における運動の概念に等しい。というのは、両者とも、身体に根差し、かつイメージや思考などの認識活動と深く関わるものだからである。

　イメージの構造であるイメージ図式は、感覚運動的活動それ自体とも、イメージそれ自体とも異なる、それらの抽象的な構造またはパターンである。それは、想像力によって他の抽象的な領域に投射される（投射されたものは写像 mapping である）。この想像的な投射を、メタファー的な投射とも言う。メタファーという用語を使用するのは、ジョンソン説においては、投射によって、あるものと別のものとの間に、同一性または類似性を見出すからである。

　こうして、この理論においては、感覚運動的構造と思考または概念の構造とが等しいということになる。つまり、われわれの概念的知識は徹底的に身体化されている（Johnson, 2017, p.147）のである。

　「身体化された」（embodied）、または「身体化」（embodiment）といった言い方は、哲学の分野（Noë, 2004；Gallagher, 2017）や、あるいは最近の認識に関する理論や研究（Perfetti, 2004-2011；乾, 2009）において、しばしば用いられるようになってきた。それは、身体が認識や知的活動にとって

重要な役割を果たすという見方が強まってきていることを示す証左でもあろう。ジョンソンが想像または想像力の理論の構築において、「身体化された」ということばを使うとき、イメージまたは想像（力）は、身体的経験またはその構造によって形づくられる、あるいはそれによってはじめて表現し得る、というような意味で用いられている。そのことは、彼の次の言い方に表れていよう。すなわち、「想像的投射とは、身体（すなわち、身体経験とその構造）が心（つまり、心的作用）の中に入り込む主要な手段である」（Johnson, 1987, pp.xxxvi-xxxvii, 訳書 p.54）。

　ジョンソン説における独自の重要な概念が2つある。イメージ図式（image schema）または身体化された図式（embodied schema）と、その図式のメタファー的投射（metaphorical projection）または想像的投射（imaginative projection）である。メタファー的投射は、経験的投射（experiential projection）とも言う。メタファー的投射が、ある経験の領域におけるパターン（図式）を別の経験の領域に投射することでもあるからである。

　イメージ図式は、われわれがふつうに抱く、たとえばここにはいない友人の顔のイメージ（知覚のイメージ）のような、イメージそれ自体ではなく、そのイメージの抽象的な構造であり、組織され、統一された全体、すなわちゲシュタルト構造（Johnson, 1987, p.44, 訳書 pp.125-126）である。それはイメージの抽象的なパターンまたは形態と考えることもできる。イメージとイメージ図式との関係は、たとえば三角形のイメージと、三角形の抽象的な構造または概念である思考の中にある三角形の図式との関係（同 p.24, 訳書 pp.91-92）と同じである。

　メタファー（想像）的投射は、想像作用によって、ある領域の構造（パターンまたは形態）を別の領域に投影する、あるいは同定することであり、ある領域に投射（投影）された構造が写像（mapping）である。なお、メタファー（metaphor 隠喩）の他に、換喩（metonymy）とか、提喩（synecdoche）とかという言い方があり得る（Lakoff & Johnson, 1980, pp.35-36, 訳書 pp.53-54）が、ジョンソン（Johnson, 1987, p.171：訳書 p.328）にならって、もっぱらメタファーという用語を用い、かつそれに的を絞って議論することにする。想像作用による投射という点では、それらは全部本質的に同じで

あって、微細な相違に拘って本質を見失ってはならないからである。

　ジョンソン説はピアジェ説を理論的に超える契機を含むと思われる。というのは、第1に、イメージ図式という概念を導入することによって、イメージに関する新たな分類を提起し得るからである。

　イメージは未だその概念が明確に規定されておらず、心理学が哲学から分かれるずっと前から論争の的であり、今もそうである（Kosslyn, Thompson, & Ganis, 2006）。それゆえイメージの分類も十分明確ではなく、しばしば種類の異なるものが一緒くたに議論されているように思われる。たとえば抽象的イメージと具体的イメージとの区別、イメージの構造と操作との区別、イメージの形式と内容との区別などが十分に意識されていない、と言える。

　第2に、イメージ図式のメタファー（想像）的投射の概念を導入することによって、運動と思考との間をより密接に、より直接的に結びつける可能性を生ぜしめるからである。というのは、メタファー的投射というのは、投射する側と投射される側（写像）との間に共通の、または類似の構造（パターン）を見出すということ、つまり両者を共通性によって関係づけるということであり、投射したり、投射されたり（写像）するのは感覚運動的な構造または身体化された図式であるから、運動構造と思考や概念の構造との間に共通性または相同性を見出すことであるから、である。

　これに対して、イメージ図式に相当する（第4章第3節参照）ピアジェ説における操作（思考操作であり、かつイメージ操作）の形式または構造（群性体や群・束構造）は、運動を起源としつつも、その形式自体は運動の構造なのか、言語や命題の構造なのか曖昧である。

第1項　イメージ図式

　ジョンソンによれば、感覚運動的活動の抽象構造であるイメージ図式が概念などの抽象的な領域にメタファーによって投射（想像的に投射）されて、具体的なイメージと命題構造の中間に存在する意味構造が形づくられる。したがって、言葉の意味または概念は感覚運動の構造によって形づくら

れることになる。そして、イメージ図式の投射によって形づくられるもの
が、ジョンソンの言うように、個々のイメージと、ことばによって表現され
る命題の中間に存在するものだとすれば、それは、イメージよりも高次で、
かつ言語的知識よりも低次な抽象性を持つものであることになる。

　イメージの図式（あるいは型、形態、形式など）という概念や観点は、
ジョンソンや月本だけのものではない。たとえば村田（1989）は、次のよう
に、「イメージ固有の一般性のレベル」が存在する、とする。

　イメージの一般性はイメージの図式性であり、その図式性（図式的イメー
ジまたはイメージ的図式とも言える）は、不確定的イメージであり、「未規
定的、普遍的イメージ、空虚なイメージ」（村田，1989）である。「イメージ
の不確定性の本性は、対象の構成過程が中断した志向性、この意味で未規定
性と普遍性をそなえた空虚な志向性にあることが明らかになる」（同）。「こ
こで問題となっている普遍性は、例えば『何らかの三角形』という形で表わ
されるにしても、決して様々な個別的な三角形のクラスを代表し代理すると
いった仕方の普遍性を示すものではない・・・。むしろその普遍性は、そこ
において、あるいは、それに則って様々な特殊化が生じうる枠組みを示すも
のであり、ここであえてカントの言葉を借りると、『それによってそれに
従ってはじめてイメージ（Bilder）が可能であるところの略図
（Monogram）』、すなわち『図式』の持つ普遍性ということになる」（同）。
このイメージの図式は、次のようなプロトタイプと呼ばれるものである。

　　　プロトタイプは、抽象的規則のように概念に包摂されるものの必要十
　　分条件を規定する機能を果たすのではなく、一種の具体例ないしパラダ
　　イムとして機能し、様々な事物はこの具体例としてのプロトタイプとの
　　類似性に応じてグループ分けされるのである。（村田，1989）

　　　プロトタイプの提唱者であるE.ロッシュ達は、カテゴリー化に様々
　　な段階があることを示し、心理学的に最も重要な段階を「基本レベル」
　　（basic level）[注]と呼んだ。例えば「椅子」や「机」は、その上位概念で
　　ある家具や下位概念である安楽椅子、仕事机などに比べて、知覚や行

為、あるいは知識の組織化において中心的な役割を果たしているのである。そしてこのレベルは、その概念に対応するイメージを形成しうる最高のレベルであり、その概念に属する事物を扱う身体行為の間に類似したパターンを見出しうる最高のレベルであると言われている。(同)

注) この基本レベルは、「犬」「椅子」であり、その上位レベルは、「動物」「家具」、下位レベルは「レトリーバ犬」「ロッカー」である (Lakoff, 1987, p.46, 訳書 p.53)。

　ここでいう不確定的なイメージまたはイメージの図式が、イメージ固有の次元でのプロトタイプまたはカテゴリーを表し、かつその不確定的なイメージが概念の下位に位置するのだとすれば、それはジョンソンのイメージ図式にきわめて近いこととなろう。

　ジョンソンのイメージ図式という概念それ自体は、カントの「図式」の概念から直接の影響を受けている。ジョンソンによれば、カントは、まず想像力に関して、「概念と知覚像とを媒介する想像力の構造があることを強調し」、「われわれが経験し、それを理解し、それについて推論できることに対して、想像力が絶対的に根本的な役割を果たす」と主張する (Johnson, 1987, p.156, 訳書 p.302)。次にカントは、図式とイメージとの関係に関して、「三角形一般の概念にはどのようなイメージも決して合致しえないだろう。・・・あらゆる三角形に自らを適用させる概念の普遍性に、イメージは決して達しないだろうし、三角形の領域の一部につねに制限されるだろう。三角形の図式は思考の中にしか存在しえないのだ」(Kant, 1787, A, p.141, Johnson, 1987, p.24) とし、結局、「イメージは、再生的想像力がその経験的能力によって生み出すものであり、また空間における形象としての感性的概念の図式は、アプリオリな純粋想像力の産物であり、いわばそのモノグラムである。そもそもイメージは、図式を通じて、図式に従って初めて可能になる。これらのイメージは、つねにそれらが属する図式によって初めて概念と結合することができるのである」(A, pp.141-142, Johnson, 1987, p.156) と述べる。

　ジョンソンは、カントの図式においては、「想像力の図式化の働きは、一

方のイメージないし感覚の対象と他方の抽象概念とを媒介する」（Johnson, 1987, p.155, 訳書 p.301）、と解釈する。

　これらのことから、カントの図式に関するジョンソンの見方は次の通りである。すなわち、想像力が認識（経験、理解、推論など）において決定的に重要な役割を果たすこと、図式が感性的なものであること、図式はイメージを生み出し、そのイメージと抽象概念との間に介在することから、イメージ図式とその認識上の位置づけは、基本的にジョンソンのものと同じであること、である。さらに、ジョンソンによるイメージ図式の詳細な規定を見てみることにする。

　イメージ図式は感覚運動的経験の基本的構造であり（Johnson, 2007, p.136）、かつイメージの抽象的構造である（Johnson, 1987, p.xix, 訳書 p.26）。それは、認識的、論理的領域にメタファー的に投射され、命題へ仕上げられて意味のネットワークを構成する（Johnson, 1987, pp.86-87, 訳書 p.200；p.xvi, 訳書 p.20）。ジョンソン（Johnson, 1987）によるイメージ図式の定義に相当する部分を抽出すると次の通りである。

　　一方で、イメージ図式とは、記号と客観的実在の間の抽象的関係を特定化する＜客観主義的＞命題ではない。・・・他方で、図式には豊かなイメージないし心像の限定性がない。具体的で豊かなイメージを越えた、一般性と抽象の水準でそれは作用する。図式は少数の部分と関係からなり、それらによって、限りなく多数の知覚、イメージ、出来事を構造化しうるのである。要するに、イメージ図式が動く心的組織の水準は、一方の抽象的な命題構造と他方の個別的で具体的なイメージとの中間にある。（Johnson, 1987, pp.28-29, 訳書 p.99）

　　イメージとは心的画像であって、元をたどれば感覚経験にまで遡ることができる。・・・図式は一面では抽象的で、知性的であるが、その一方で感覚の構造でもあり、ゆえに図式は、一方の概念と、他方のイメージおよび知覚像とを結びつけるのに必要とされた橋渡しを提供する。犬の図式はある種の四足動物の形態を一般的な仕方で描写する手続きだと

言えるだろう。それは特定の犬のイメージではなく、「犬」というたんなる抽象概念でもないであろう。(Johnson, 1987, p.155, 訳書 p.299)

それはたとえば、

　　純粋な三角形を空間のうちに――（イメージとして）私の心の内にあるか現実の物理的実在としてあるかを問わない――総合する手続きである。私が三角形のイメージを産出することができるのは三角形の図式のおかげなのだが、この図式はイメージとは区別されねばならない。(Johnson, 1987, p.155, 訳書 p.301)

　これらのイメージ図式に関するジョンソンの記述における重要なことの第1は、イメージ図式が感覚運動的な活動または経験から形づくられる、ということである。
　感覚運動的活動（経験）は身体的活動、つまり身体の動きを伴う行為または行動であり、それゆえ感覚運動は本論文における運動と同義であると見ることができる。なぜなら運動は、それが存在している限りにおいて常に感覚とともにあり、それゆえ単に運動という時、必然的に感覚を包含しているからである。
　具体的なイメージや知覚（像）が運動によって形づくられるということは、ピアジェ他多くの研究者が指摘するところであり、また事実的根拠を有する妥当な見方であると言える。ジョンソンは、具体的なイメージとは区別され、かつその抽象的な構造であるイメージ図式もまた、感覚運動によって形成されると考える。この点、すなわちイメージ図式が感覚運動に由来するということは、それが個々の具体的なイメージと共通する点であり、イメージ図式が社会的記号である言語とは異なり、感性的な内容またはゲシュタルト構造を持つことの起源である、と思われる。したがってイメージ図式は感覚運動から抽象された構造であり、かつ具体的なイメージから抽象された構造でもある、ということになる。
　第2は、イメージ図式が、個々の具体的なイメージを超えた一般的・抽象

的レベルで機能するということである。具体的なイメージは、表象内容や機能が同じである（積山, 1991）、あるいは表象や処理が同じ種類である（Herskovits, 1986, 訳書 p.134）知覚と同じレベルで機能し、それゆえ発達の比較的初期の段階で機能し始める、と言える。これに対してイメージ図式は、ジョンソンが「三角形の図式は思考の中にしか存在しえないのだ」（Kant, 1787, 訳書, 上 p.217）というカントの説を引いているところからもわかるように、抽象的な思考のレベルで機能する、ととらえられる。

　第3は、イメージ図式は抽象的であるが、同時に感覚の構造でもあり、それゆえ概念と、イメージおよび知覚像とを結びつける（橋渡しをする）、ということである。この場合の概念は言語によって与えられる概念を指していると思われ、それとイメージおよび知覚像との間に位置し、それらを媒介する役割を果たすということは、イメージ図式が言語の下位に位置するということを意味しよう。

　そして第4は、イメージ図式は、イメージを生み出す「手続き」、または、ある形態を「一般的な仕方で描写する手続き」だということである（Johnson, 1987, p.155, 訳書 p.299）。このことは、イメージ図式がまた、ジョンソンの言うように、ゲシュタルト、すなわち形態または全体的構造だとすれば、その形態を生成する運動的過程（手続き）を包含するものであり、それゆえそれが、たとえば第1章で検討した構成行為における抽象的な空間表象のように、運動表象の連鎖から成り立つ、あるいはその連鎖の形式であることを示唆する、と言えよう。

　そして、ジョンソン説においては、このようなイメージ図式が他の領域にメタファー（想像）的に投射されて、意味を生成する。

第2項　メタファー（想像）的投射

　レイコフとジョンソン（Lakoff & Johnson, 1980）は、「われわれの通常の概念体系は、その大部分がメタファーによって構造が与えられている」（p.56, 訳書 p.94）とする。おそらくジョンソンも、次節で述べる月本も、基本的に

同じ観点に立っているであろう。

　ジョンソンのイメージ図式は、想像力の作用によって思考や言語または命題に投射（メタファー的投射または想像的投射）される。この過程は、感覚運動の構造を、思考や言語などの別の抽象的な領域に投射して、同じ構造を同定する、あるいは樹立する、ということである。

　想像力はイメージ図式を統御する基本的能力（Johnson, 1987, p.xx，訳書 p.27）であり、「想像的投射とは、身体（すなわち、身体経験とその構造）が心（つまり、心的作用）の中に入り込む主要な手段」（同 pp.xxxvi-xxxvii，訳書 p.54）であり、「ある経験の領域を別種の他の領域によって理解し構造化する過程である」（同 p.15，訳書 p.79）。したがってメタファー的投射は、運動（感覚運動的な活動または経験）と、思考や言語または命題との間を結びつける働きをする。ジョンソンがあげている次の容器図式の例は、身体的経験または感覚運動的活動（運動）とイメージ図式との間の具体的関係をあらわすであろう。

　　物理的包含（physical containment）という経験から生じるイメージ
　　図式構造の日常的な事例を、簡単に考えてみたい。包含と限界との出会
　　いは、われわれの身体経験に深く浸透した一つの特徴である。自分の身
　　体が三次元の容器（container）——ある種の事物（食物、水、空気）
　　がここに取り込まれ、別の事物（食物や水の排泄物、空気、血液、な
　　ど）がここから出ていく容器——であることを、われわれは身近に知っ
　　ている。われわれは最初から、環境（われわれを包むもの）のなかで物
　　理的包含をたえず経験する。部屋、衣服、乗り物、そして限界で画され
　　た数々の空間を出たり入ったりしている。対象を操作して容器（コッ
　　プ、箱、缶、袋、など）に入れる。こうした各事例には、反復可能な空
　　間的・時間的組織がある。換言すれば、物理的包含の典型的図式があ
　　る。（Johnson, 1987, p.21，訳書 pp.88-89）

　　したがって、たとえば集合（sets）はその元と部分集合にとっての容
　　器と解される。（同 pp.39-40，訳書 p.119）

　この場合の感覚運動的な活動または経験は、①身体を土台（運動が生起する場）として、その内（中）──自己身体──への吸収と、その外への排出の運動、②対象空間（身体の外の空間）における、ある区画された空間（たとえば部屋）への出入り、そして③同じく空間（たとえば箱）への物の出し入れであり、これらの空間の内へ向かう動きと外へ向かう動きから抽象された構造がイメージ図式である。すなわちそれは、対象がある空間の内に含まれるか否か──包含関係──を表すものであって、それゆえその経験は数学の集合の概念を導くことになる。ただし、この運動経験は、次のように、外的作用または環境との相互作用において生起する。

　　　生まれた日から（あるいは、それ以前から）われわれは物理的力の意味を理解し始める。「外的」および「内的」諸力（たとえば、重力、光、熱、風、身体のもろもろの作用、また他の物理的対象の影響など）の作用を蒙る身体をわれわれはそなえている。こうした相互作用が、力とわれわれとの最初の出会いをなす。そこには、われわれと環境との間で繰り返される、パターン化された関係が示されている。こうしたパターンから意味構造が育ってゆく。（同 p.13，訳書 p.76）

　つまり、ここで言う感覚運動的な活動または経験（運動）は、環境との相互作用におけるそれであって、抽象的なそれではない。言い換えれば、身体と環境との相互作用が生み出す運動のパターンである。このパターンが一般的な概念や思考に繋がり得るのは、われわれの身体と、われわれにとっての環境が共通性を有するからである。われわれの身体は基本的に同じ構造と機能、あるいは能力を持ち、かつわれわれは共通の自然的環境や社会的環境、すなわち世界の中で生活している。

　これと同様のことをドレイファスとテイラーも言っている。

　　　わたしたちはみな、・・・ある重要なことを共有している。わたしたちはみな、ひとりだちするにあたって、・・・同じ種類の身体と基本的な能力等を基盤にしなければならないのである。（Dreyfus & Taylor,

2015, p.107, 訳書 p.175）

また実在とのより基本的な

　　接触は、わたしたちがつかんでいる実在との接触であるだけでなく、
　　実在をわたしたちと一緒につかんでいる他の人たちとの接触でもあるの
　　だ。（同 p.106，訳書 p.173）。

　これまで、人々における身体や環境の共通性、とりわけ身体の共通性が考
慮されず、それゆえ身体は個人的な性格を持つという見方がいわば暗黙の了
解とされ、同様に身体の動き、すなわち運動もまた個人的な性格を持つとい
う見方が優勢であった（たとえば先述したワロンがそうであった）のではな
いだろうか。確かに、随意運動は自己に起因し、かつそれに伴う感覚（運動
感覚または固有受容覚）は自己のみが感知し得、視覚的対象や聴覚的対象な
どとは異なり、それをリアルに他者に伝達することは難しい。しかしドレイ
ファスとテイラーが言うように、「主体は第一義的に個人であるわけではな
く、その他の主体の中のひとりであり、共有された形式のうちに共同で参加
することが本質的なのである」（Dreyfus & Taylor, 2015 p.106，訳書 p.173）。
　ところで、メタファー（想像）的な投射の際には、源泉領域（source
domain）と標的領域（target domain）とが区別される。イメージ図式が抽
象される感覚運動的な活動（運動）または経験の領域が前者であり、イメー
ジ図式が投射（写像 mapping）される領域が後者である。つまり、ある領
域（源泉領域）において感覚運動的な活動または経験（運動）から抽象され
た構造であるイメージ図式が他の領域（標的領域——心的、認識的あるいは
論理的領域など）にメタファー（想像）的に投射（または拡張）されて、理
解または構造化が成し遂げられる。たとえば、ある地点から別の地点へと向
かう運動経路としての道が抽象されイメージ図式（道図式）となり、それが
時間に投射され、時間を線として写像することができる。すなわち、「時間
をこのように線として空間化することが時間性を理解する一つの重要なやり
方をもたらす」（Johnson, 1987, p.114，訳書 p.236）のである。

表4-1　算数は物の収集であるというメタファー（Johnson, 2007, pp.181–182）

源泉領域（物の収集） ⟶	標的領域（算数）
同じ大きさの物の収集	数
収集の大きさ	数の大きさ
より大きい	多い
より小さい	少ない
最小の収集	単位（数の１）
収集物を合わせる	加法
より大きい収集物からより小さい収集物を取る	減法

　こうして、ジョンソン説においては、この想像的な過程——イメージ図式のメタファー（想像）的投射——によってことばの意味、概念、あるいは思考などが形づくられる。この投射（投射される側から言えば写像）の過程が比較的わかりやすいのは算数・数学の領域であろう。そこで算数におけるこの過程の例を２つあげる。第１は「収集」（collection）イメージ図式である。それは、「算数は物の収集である」（The Arithmetic Is Object Collection）というメタファーの実質的な内容である（表4-1）。

　ジョンソン説においてはイメージ図式とメタファーとの関係が必ずしも明瞭ではないので、図4-1にその関係を示すことにする。図4-1に示されているように、同説においては、源泉領域における感覚運動的活動または経験、すなわち運動から抽象された構造がイメージ図式であり、かつメタファー的に

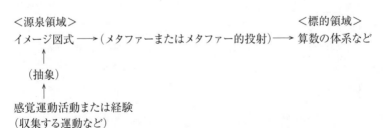

<源泉領域>　　　　　　　　　　　　　　　　　　　　<標的領域>
イメージ図式 ⟶（メタファーまたはメタファー的投射）⟶ 算数の体系など
　↑
（抽象）

感覚運動活動または経験
（収集する運動など）

図4-1　イメージ図式とメタファーとの関係

投射される内容である。そしてそれが抽象的な標的領域に投射（写像）され
て体系や知識を形づくる。表4-1に関するジョンソンの説明（p.181）は次の
通りである。

> われわれは、加法と、物を集めて１つの集まりをつくることの間の相
> 互関係、減法と、１つの集まりから物を取り去ることの間の相互関係を
> 経験する。このような相互関係は、概念的メタファーの基礎である。こ
> の場合、その源泉領域は物の収集であり、標的領域は算数的操作であ
> る。**算数というメタファーは物の収集である**というのは、源泉領域（物
> の収集）から、標的領域（算数）への実在（entities）と操作（operations）
> の写像である。（pp.181-182）

すなわち、ジョンソンによれば、物を集めたり、取り去ったり、動かした
り、操作したりする行為（感覚運動的活動）から抽象された構造であるイ
メージ図式が抽象的な領域に投射されて算数になるということになる。言い
換えれば、源泉領域における運動の構造であるイメージ図式が抽象的な標的
領域に想像力の作用によって投射されたものが算数であり、逆に言えば、算
数という知識の体系はもともと運動の構造だということである。

　表4-2に示す例は、「起点−道−目標」（The Source-Path-Goal）（イメー
ジ）図式である。このメタファーは、「算数は道に沿う動きである」（The
Arithmetic Is Motion Along A Path Metaphor）というものである。

表4-2　算数は道に沿う動きであるというメタファー（Johnson, 2007, p.183）

源泉領域（道に沿う動き）　　　　　　⟶	標的領域（算数的操作）
道に沿う動き	算数的操作
道の上の位置づけ	算数的操作の結果
原点	ゼロ
１点の位置づけ	1
原点より一層遠ざかる	より大きく
原点へ一層近づく	より小さく

　ジョンソンによれば、先の、算数は物の収集であるというメタファーと、このメタファーとは、次のように、重要な相違がある。

　　　前者（算数は物の収集であるというメタファー——筆者注）は負の数の概念を根拠づけるものではないであろう。何故なら、われわれは「負の」数のような経験は何ら持たないからである。それは、このメタファーでは、全然、意味を持たない。それに対して、**道に沿う動き**というメタファーは、負の数の概念を根拠づける。何故なら、われわれは、出発点（ゼロ）から道に沿って「負の」方向へ向かう逆の動きを考えることができるからである。それゆえ、これらのメタファーは、単に、同じ算数的過程を概念化する方法の2つの選択肢ではない。それらの存在論が措定する実在、そして実在が支える操作は、同じではない。(Johnson, 2007, pp.183-184)

　この記述から、道に沿う動きメタファーは、次のように解釈できる。
　道に沿う動きというのは、経路または行程上の動き、言い換えれば数を目盛った直線（数直線）上の動きに準えることができよう。とすれば、それは原点（0点）と等間隔の目盛りを持ち、その上を動く指標または点と見ることができ、それゆえ数の増減などに関わる算数的操作を結果するであろう。また、算数は物の収集であるというメタファーが数または量に関する思考の領域に属するとすれば、道に沿う動きメタファーは空間的なそれに属すると言えよう。

第3項　イメージ図式とイメージ操作（想像活動）

　イメージ図式は運動構造を反映したイメージの空間的な構造、すなわちゲシュタルトであるが、それは単に静的な構造であるだけではない。ジョンソン（Johnson, 1987, p.104, 訳書 p.220）によれば、同時に、それに基づいて空間的な操作が行われる。このことは、イメージ図式は、一方では、感覚運

動的活動や個々の具体的なイメージから抽象された構造であり、他方では、それに基づいて、空間的なイメージ操作が行われるということを意味しよう。後者の空間的なイメージ操作とは、たとえば、ジョンソンが例に引く心的回転の操作を指すと思われる。

　イメージ図式はイメージまたはイメージ操作から形づくられると同時に、イメージ操作を方向づけるもの、あるいはイメージ操作が従う形式のようなものだということになろう。つまりイメージ図式は、一方では、イメージ操作の過程（手続き）の帰結である構造（結果）でもあり、他方では、それは、イメージ図式を方向づけるもの、つまり操作の手続き（過程）の形式、言い換えれば操作の従うべき規則または枠組みでもあることになる。ジョンソンは、直接の影響を受けているカントの図式概念に関して、「カントの説明では、図式は『手続き』（procedure──筆者注）であると言いたいのか、手続き（process──筆者注）の産物であると考えているのかはっきりしない」（同 p.156, 訳書 p.302）と述べているが、カントが意識していたかどうかは別として、おそらくその両方であろう。というのは、図式というのは、それに基づいて行われる手続き（過程）の形式を意味し、かつそれ自体は操作または過程（手続き）の結果としてのみ作られるのであるから、両者は表裏一体であり、それゆえ、もし、図式がただ何かの結果を表すのだとか、ただ何かの過程を表すのだとかと言うのは、物事の一面だけを取り出して言っているに過ぎないと思われるからである。

　同様に、ピアジェの操作の論理数学モデル（形式）である群性体や群・束構造は、操作の手続き（過程）の形式（規則）でもあり、同時に、操作の結果の構造でもある、と捉えるのが自然であろう。とすれば、ピアジェの操作はイメージが発展したものであるから、ジョンソンのイメージ図式と同じ構図を持つことになる。両者の大きな相違は1つ、その形式または構造の起源が感覚運動（ジョンソン）にあるのか、社会的協働（ピアジェ）にあるのか、という相違である。以上の点をジョンソン説に即してさらに見てみよう。

　彼によれば、イメージ図式に基づいてイメージ操作が行われ、逆にイメージ図式に対する心的操作がイメージ図式の変形をもたらす（Johnson, 1987,

p.104，訳書 p.220）のであるから、イメージ図式（感覚運動またはイメージ
の空間的構造）とイメージ操作（または想像活動）とは相互作用し合う関係
にあり、後者はおそらく、実際の物の操作と同様に、時系列的な過程である
ので、内的な運動過程、すなわち想像上の運動に類比し得る過程であると考
えることができる。おそらくそれゆえにジョンソンは、ナイサー（Neisser,
1976, p.54）の身体化された図式が知覚および運動プログラムと結びつくと
いう見解を引用する（Johnson, 1987, p.20，訳書 p.86）。この観点に立てば、
イメージ図式はイメージ操作という運動的過程（ただし内的な）の結果であ
る、すなわち、知覚が継時的な運動を包含して成立する（石合，2000）のと
同様に、イメージ図式は、その運動的過程であるイメージ操作を包含して成
立するイメージの空間的構造であるという見方が成り立つであろう。

　このイメージ図式とイメージ操作との関係は、たとえば構成行為におい
て、物を構成する過程を心の中に描く際の、目前の知覚象または記憶の中の
視覚イメージと、心の中に描かれた構成行為過程との関係に似ているであろ
う。というのは、知覚像を目標に、心の中の（内的な）行為過程が進行し、
逆に心の中の（内的な）行為過程が知覚象を明瞭にし、あるいはそれに収束
していく、すなわち両者が表裏一体の関係であるから、である。

　こうして、イメージ活動または想像的投射の過程を通して、運動の構造と
思考の構造とを同一視する、あるいは両者の対応関係を築く、すなわち運動
と思考とを直接的に結びつけるのがジョンソン説であると言える。

　ジョンソン説と同様に、運動と、概念や思考をメタファーまたは想像に
よって結びつけようとする想像力の理論がわが国にある。月本の身体運動意
味論あるいは仮想的身体運動の理論がそれである。そこで次にそれを述べ、
その後で、両者の比較検討をすることにする。

第 2 節　月本の身体運動意味論

　ジョンソン説と同じ理論的枠組みを持つのが月本（2010b）の仮想的身体
運動による身体運動意味論または想像の神経科学的理論（月本説とする）で
ある。それは、神経学的知見を理論の構成要素とし、彼の「イメージは仮想

的身体運動である（virtual bodily movement）」（p.1）という言い方に表れているように、イメージと身体運動を司る神経活動とを結びつけるものである。最近、ジョンソン（Johnson, 2010）も、メタファー機構を認知神経科学的に説明する可能性に言及しており、月本説はジョンソン説を生理学的観点から精錬する契機になるかも知れず、その意味において、ジョンソン説の理解に寄与し得るので、ここでともに議論することにする。

　身体を動かすことをイメージする時に活動する脳の部分と、実際に身体を動かす時に活動する脳の部分は基本的に同じであることが、近年の脳の非侵襲計測（針を刺したり、電極を装着したりしない、つまり苦痛を与えない計測）によって明らかとなった。仮想的身体運動とは、実際に運動をしていなくても、イメージしただけで運動系（運動に関わる神経系）が活動（活性化）する現象、すなわち非運動時の運動系の神経活動を指し、実際の運動を伴わないので、仮想的（virtual）と言う。たとえば、足を動かすのをイメージする時には、足を動かさなくても、足を動かす神経系が活性化している。つまり、ある運動のイメージをすることで、その運動で使われる筋肉を仮想的に動かしているのである。仮想的身体運動は、仮想的とは言え、運動系、すなわち運動に関わる神経系の活動であるから、イメージが仮想的身体運動であるということは、月本の考えでは、イメージと身体運動とが直接的に結びつくということとなるのであろう。

　さらに月本説はジョンソン説と同じく、身体運動と結びついたイメージが抽象的領域に投射されることによって、理解がもたらされるとする。すなわち、こうである。

　　言語の理解にはイメージが必要で、イメージは仮想的身体運動であるところの想像によってもたらされるので、言語の理解には身体が必要である、ということになる。このような知見に基づいて筆者は、「言葉の意味とはその言葉によって惹き起される（仮想的）身体運動である」という身体運動意味論（Embodied Semantics）を提示した。（月本, 2005b）

　このように月本は、身体運動、イメージ、そして言葉の意味または抽象的思考を、相互に結びつけた。

　身体運動意味論（Embodied Semantics）とは、「言葉の意味とはその言葉によって惹き起こされる仮想的身体運動（virtual bodily movement）である」という意味論である（Tsukimoto, 2001）。それは、最近の脳の非侵襲計測によって得られたイメージが仮想的な身体運動だという新しい知見を言語の意味論に結びつけて得られた意味論である（Tsukimoto, 2001, 月本, 2005b）。

　イメージを想起しただけで神経系の運動回路が活性化する現象は、すでに運動機能の回復を認知的学習過程と考える認知神経リハビリテーション（認知運動療法）の分野などにおいても認められている（Perfetti, 2004-2011, 訳書 p.76）。

　言葉の意味がその言葉によって惹き起される仮想的身体運動だというのは、イメージが仮想的身体運動と同じとされるのであるから、言葉の意味がイメージでもあることになる。それゆえ、たとえば、「犬」という言葉の意味は、犬のイメージであり、かつイメージに伴う仮想的身体運動であるということになる。そして、犬を想像（イメージ）する時に活性化する神経回路と、実際の犬を見る（知覚する）時に活性化する神経回路は基本的に同じであり、それゆえイメージ（仮想的身体運動）と知覚像（実際の身体運動）は同等と、とらえられる（月本, 2005b）。このように見れば、身体運動意味論は、言葉の意味はその指示対象だとする指示対象意味論と、言葉の意味はイメージだとするイメージ意味論とを統合するものである、と月本は考えている（月本, 2005b）。

　月本は、イメージまたは想像は仮想的身体運動である、という言い方を各所でしている（月本, 2005a；2005b；2010b；他）。しかしこの言い方には注意が必要である。というのは、彼がこう言うからである。

　　今まで、イメージが仮想的身体運動であると言ってきたが、厳密に言えば、イメージと仮想的身体運動が対応しているということであり、イメージと仮想的身体運動は別ものである。イメージは心理現象であり、

仮想的身体運動は物理現象だからである。心の中でイメージすること（イメージ）と、脳の神経回路網が筋肉等にパルス信号を間引いて送る[注]ということ（仮想的身体運動）とは別物である。この２つが対応しているということである。（月本，2010b，p.6）

　　　注）運動の想像の場合には、運動の実行の場合と比べて、脳から筋肉へ送られるパルスが少ない。

　この記述の意味は、イメージと仮想的身体運動との間には、随伴関係はあるが、因果関係（発生的関係）はない、ということである。しかし彼は他方でこうも言う。「『犬』の意味は、犬を見ることによる眼球等の仮想的身体運動（想像）であり、これがイメージを生成する」（月本，2005b）。またイメージと同等であるとする知覚に関しても、こう述べる。「『犬』の意味とは、その犬を見ることに伴う眼球等の身体運動であり、これが犬の知覚像を生成する」（同）。

　つまり彼は、イメージは仮想的身体運動が生み、知覚像は身体運動が生む、と言う。とすればそれは、単なる対応関係ではなく、因果関係または発生的関係を意味することとなる。しかし、それは月本理論の理論的不整合である。同じことを、一方では、対応（随伴）関係と言い、他方では因果関係と言うからである。

　イメージと仮想的身体運動との間に対応関係が存在することは、すでに事実として認められているが、因果関係が存在するか否かは、今後明らかにされるべき問題であるので、以後、単に対応関係が存在するという解釈で議論を進めることにする。そうする方が、月本理論とその意義を今後に生かすことになる、と思われるからである。

　ところで、抽象的なことばは現実の世界に対応物が存在しないので、身体運動も仮想的身体運動も行うことができない。では、その場合、どうするか。

　その場合には、メタファーを通して、「基本領域（身体運動が可能な領域──筆者注）の仮想的身体運動を流用しているのである」（月本，2005b）。とすれば、ジョンソン説と同様にメタファーがことばの意味の生成──とり

わけ抽象的なことば（それゆえ高次な思考）——において、必須の、かつ広範な役割を果たすことになる。

　したがって、月本理論の中核的概念は仮想的身体運動とメタファーであることになる。

第1項　仮想的身体運動

　月本によれば、想像する時には、実際に身体を動かさなくても、仮想的に身体運動が生起する。すなわち運動回路が活性化する。想像の際の仮想的身体運動と、実際の身体運動との違いは、次の通りである。

　　①想像の場合には、筋肉からのフィードバック信号が無い。これは、想像の場合には、筋肉が実際に動かないので、フィードバック信号が無いのは当然である。

　　②想像の場合には、脳から神経を通して筋肉に送られるパルス数がかなり少ない。脳は、筋肉の動きを、神経回路網を通して送られるパルスの数で制御している。パルス数が多いと、筋肉が動き、パルスがないと筋肉は動かない。想像の場合には、実際に筋肉が動かない程度の数のパルスを送っている。

　　③感覚（知覚）は、最近の研究で、ある程度能動的であることがわかってきて、運動とみなせる部分が多い。実際の感覚（知覚）の場合とそれの想像との違いは、筋肉ではなく末梢神経にある。すなわち、たとえば、実際に音が入力されると末梢神経が活性化するが、これに対して、その音をイメージするときには末梢神経は活性化されない。また、実際の痛みがあるときには、末梢神経が活性化されるが、その痛みのイメージのときには、末梢神経が活性化されない。したがって、感覚（知覚）の想像に関しては、仮想的身体運動とみなせる部分もあるが、基本的には、仮想的身体反応というべきである。本稿では、簡略のため、感覚（知覚）も含めて、仮想的身体運動と呼ぶことにする。（月本,

2005a)

　月本のこの記述は、仮想的身体運動に関する生理学的過程を素描したもの
で、その限りにおいては理解しやすいが、厳密に言えば曖昧な部分がある。
それは、仮想的身体運動が生起する条件である。

　月本によれば、想像（イメージ）する時には仮想的身体運動が生起する。
すなわち「ある運動のイメージをすることで、その運動で使われる筋肉を仮
想的に動かしているのである」（月本，2010b，p.5）。そしてこの事実が、身
体運動意味論の出発点である。

　しかし、この時のイメージに2つの種類があることを上の記述は示唆して
いると思われる。2つの種類とは、1つは、自分の、あるいは自分に起因す
る運動のイメージ、すなわち自分で自分の身体や物を動かすイメージ（「動
かすイメージ」または運動イメージ）であり、もう1つは、「視覚イメー
ジ、触覚イメージなどの感覚モダリティーに基づく単なる『イメージ』」（仲
山，2015）、あるいは「われわれが日常生活の中で最も普通に体験する一般
的なイメージ」（菱谷，2013）、すなわち「『ここにはいない親友の顔』のよ
うな、記憶の比較的直接的な想起に基づく」イメージ（現実に知覚したもの
を思い浮かべること、つまり「知覚のイメージ」、または記憶イメージ）、す
なわち第2章第1節で述べた運動イメージと知覚のイメージの2つの種類
（それらの区別）である。

　上の記述によれば、この2つの種類の違いは神経系の活動の違いが示唆す
る。すなわち運動のイメージの場合には、実際の運動時に（当然であるが）
運動系が活性化し、かつ運動の想像時にも同じ運動系が活性化するのに対
し、知覚のイメージの場合には、実際の知覚時には末梢神経が活性化する
が、知覚の想像時には末梢神経が活性化しない、すなわち「運動のイメージ
（または動かすイメージ）」と、「知覚のイメージ」との間には神経系の活動
の仕方において相違がある。

　しかしながら月本は、「犬を想像する時に活性化する神経回路と、実際の
犬を見る時に活性化する神経回路は基本的に同じなので、イメージ（仮想的
身体運動）と知覚像（身体運動）を基本的に同等に扱え」る（月本，

2005b）とし、「運動のイメージ」と「知覚のイメージ」との間に相違があるとしているにもかかわらず、「実際に音が入力される」場合も、「痛みがある」場合も、すなわち聴覚的知覚の場合も、痛覚的知覚の場合も、「簡略のため、感覚（知覚）も含めて、仮想的身体運動と呼ぶ」とする（月本，2005a）。つまり、知覚的イメージの場合にも、仮想的身体運動が生起すると見なしている。これも、また、理論的不整合である。何故なら、上記の引用に示されているように、彼自身が、「感覚（知覚）の想像に関しては、仮想的身体運動とみなせる部分もあるが、基本的には、仮想的身体反応というべきである」（月本，2005a）として、運動の想像と、痛みや音、つまり感覚（知覚）の想像との神経レベルにおける相違、または生理学的な相違がある、と述べているからである。

　それにも関わらず、月本が知覚も仮想的運動によって、あるいは知覚とともにそれが存在するものとして概括しようとするのは、「感覚（知覚）が、最近の研究で、ある程度能動的であることがわかって」（月本，2005a）きたからであると述べる。知覚が運動を含んで成立すること自体は実験データなどが示唆する。しかし、その時の知覚のイメージ、たとえば月本が例示する音のイメージは、その音の音色や、高さや、大きさなどのイメージであって、その知覚が必然的に含む身体器官の運動のイメージではない。先にあげた例で言えば、夏の高原で聴いた鶯の鳴き声のイメージは、澄んだ美しい独特の韻律を持つ鳴き声のイメージであって、その時に生起した聴覚器官の運動のイメージではない。そもそも、そのような運動をイメージすることは不可能である。さらに、知覚が運動を含んで成立するということは、学問的知見、あるいは高度の認識上の表象（知識）であって、一般的に、あるいは日常的にイメージする（できる）ことではなく、そのことを、自己が何かを動かすイメージと同じく扱うことには無理があると言わざるを得ないであろう。

　それととともに、すでに月本自身が、「動かすイメージ」と「知覚のイメージ」との間に、神経活動に相違のあることを示している（次に述べる運動制御の観点からもこの相違を示唆している）のであるから、目下、両イメージとの間には相違があり得るという認識に立つのが、学問的に慎重な態

度なのではないだろうか。

　ただし、事象をより正確に把握するために、次の点に言及しておく必要はあろう。それは、他者の運動の知覚の場合にも（視知覚や聴知覚などの静的な知覚ではなく）、同じ過程、すなわち自己の運動を思い描く（運動を想像する）際と同様に、仮想的身体運動が生起し得る、ということである。そのことを示唆するのは、ミラーニューロン（Rizzolatti & Craighero, 2004）の存在である。ミラーニューロンは、マカクザルが、自分で自分の手指の運動を行うときと、他のマカクザルや人間が同様の運動を行うところを観察するときの両方において発火する同一のニューロンであり、それが存在するということは、自己の身体運動のみならず、他者の身体運動の視覚入力が自己の運動プログラムを駆動する（子安・大平, 2011, p.52）ことを示唆するからである。

　したがって、運動のイメージと運動の知覚の場合には仮想的身体運動が生起し得る（運動しなくても、運動回路が活性化し得る）が、静的な対象の知覚とイメージ（記憶イメージ）の場合には仮想的身体運動は生起しない、と言うことはできよう。

　ところで、月本説においては、心理的現象である動きのイメージの物理的または生理的な対応物が仮想的身体運動であった。さらに、月本は、この仮想的身体運動を別の概念で、より具体的に説明する。それらが、運動制御の計算論的モデルの要素である、「遠心性コピー」（efference copy）と「順モデル」（forward model）（中村・田中・乾, 2003；月本2010b）である。ただしこれらは、脳の非侵襲計測によって実際に計測された神経活動、すなわち実験的に確かめられた事象である仮想的身体運動とは異なり、物理的対応物として想定される理論的要請物である。まず脳から筋肉に向けて発射される運動指令が複製されたものである遠心性コピーを、他の研究者の知見も援用して述べる。

　運動制御は、フィードバック（feedback）制御とフィードフォワード（feedforward）制御から成る。

　　フィードバック制御とは、実際の状態（実測値）と目標の状態（目標

値）との差が小さくなるような制御である。たとえば、腕を伸ばして物を取ろうとするとき、物の位置まで腕を伸ばさねばならない。物の位置が目標値であり、現在の指の位置が実測値である。目標値と実測値の差に基づいて、脳は腕の筋肉等に運動指令を出す。そして、目標値と実測値の差が 0 になるようにする。これがフィードバック制御である。（月本，2010b，p.7)

　　だがフィードバック制御だけでは、生きていけない。たとえば、車にぶつかりそうになったときに、ぶつかってからでは遅すぎる。ぶつかる前に車を避けねばならない。・・・フィードバック制御ではこれができない。それは脳内の信号伝達に時間がかかるからである。（同 pp.7-8)」

このように、

　　フィードバック制御だけでは応答が悪いので、あらかじめある程度決め付けて腕等の身体を動かすということが考えられる。これがフィードフォワード制御である。（同 p.8)

　運動制御の 2 つの構成要素の 1 つであり、よく知られたフィードバックに基づく制御（フィードバック制御）は、ある運動（行為）を実行して、その結果をみて次の運動を変化させること、つまり結果（出力）を原因（入力）に戻すことによる制御である。これに対して、フィードフォワード制御は、結果（出力）を予測して運動（入力）を実行する制御である。
　フィードバック制御を遂行する、脳に実装されていると想定されるシステムが逆モデルであり、フィードフォワード制御のそれが順モデルである。ウォルパートとガラマニ（Wolpart & Ghahramani, 2000）によれば、逆モデル（reverse internal model）（運動制御における出力から入力への方向の制御モデル）は所期の結果から行為への変換を実行するシステムであり、その機能は、感覚信号（sensory signals）から運動指令（motor commands）への変換を行うことである。順モデル（forward internal model）（入力から

出力への方向）は、行為とその結果との因果関係を表すものである。その主要な役割は身体的行動と世界を予測することであり、その機能は運動指令から感覚信号への変換を行うこと、あるいは運動指令の遠心性コピーを受け取って、身体器官の軌道の推定を行うこと（宮下・下条，1995）である。イメージに直接的に関わるのはフィードフォワード制御、遠心性コピー、そして順モデルであるので、以下、それらを述べる。

　運動しようとするとき、運動指令が効果器（effector：筋肉）へ発せられる。それは中枢から発せられるのであるから、遠心性である。この運動指令のコピーが遠心性コピーである（図4-2参照）。月本（2010b）は、この「遠心性コピーが順モデルに入力され、順モデルで随伴発射（corollary discharge）（＝予測値）が生成される」（p.10）とするが、遠心性コピーと随伴発射とを同義とし、遠心性コピーに基づく順モデルにおいて「運動的な信号が感覚的（腕の運動の場合は視覚的）な信号に変換される」とする（同pp.10-11）。

　遠心性コピーは、もちろん、実際に運動を行うときにも発生する。しかしその場合、遠心性コピーは運動によってかき消されて意識には上らない。運動が抑制されると、遠心性コピーが意識に上る。「これがその運動のイメージ（心的イメージ：mental image）になる。すなわち、運動抑制時の遠心

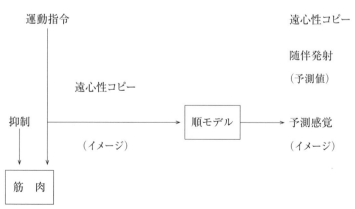

図4-2　運動指令と遠心性コピー（月本，2010b，p.13，ただし筆者が一部加筆）

性コピーが運動イメージなのである」（同 p.13）。

　しかしながら、彼は、こう述べた直後に、運動が抑制されている場合、「遠心性コピーと予測感覚がイメージになる」（月本，2010b，p.14）とする。彼が示したモデル（図4-2参照）によれば、運動指令から枝分かれした遠心性コピーが順モデルに入り、順モデルから出たものが予測感覚となる、つまり順モデルへの入力が遠心性コピーであり、順モデルからの出力が予測感覚である。ここでいきなり「予測感覚」を登場させ、続けて、「身体運動のイメージの場合には、主に遠心性コピーがイメージとして意識され、予測感覚はイメージとして意識されないのではなかろうか」（同 p.4）とし、かつ、これに対して、発声聴覚系（音声）のイメージの場合には、「声のイメージなので、予測感覚がイメージとして意識され、遠心性コピーであるところの舌等の動きはイメージとして意識されない」（同 p.14）とする。すなわち月本（2010b）は、身体運動のイメージと、音声のイメージの場合とでは、神経モデル上の相違があり得る、とする。

　予測感覚というものがここで登場することそれ自体は、フィードフォワード制御が、本来、予測制御を意味するので、不思議ではない。しかし順モデルへの入力（遠心性コピー）と、順モデルからの出力（随伴発射、つまり予測感覚または予測値）を同義として扱うはずではなかったのか。それにもかかわらず、随伴発射が名称を変え、予測感覚として、かつ遠心性コピーと異なるものとして登場している。そして運動イメージにおいては遠心性コピーが意識され、音声のイメージにおいては予測感覚が意識されるとする（その論拠は不明である）。

　一般的な身体運動のイメージと、発声発語器官の微細運動が生成する声のイメージとでは、運動の性質または様相が大きく異なるので、それによるイメージの相違はあり得るであろう。しかし、それらが、どの程度、またどのように異なるのかといった問題に解答を与えるのは、おそらく今後の課題である。というのは、月本（2010b）自身が言うように、「遠心性コピーがどこから出ているとか、順モデルがどこにあるとかは、まだわかっていない」（p.31）からである。結局、彼は、「『遠心性コピーと予測感覚がイメージになる』を『遠心性コピーがイメージになる』と略記する」（同 p.14）という

ことにした。しかしこれは、先述の仮想的身体反応——感覚（知覚）の想像に対応する——を、「簡略のため」に、仮想的身体運動（あるいは運動）——運動の想像に対応する——と呼ぶ（月本，2005b）ようにしたことと同様に、乱暴（一方の説明を他方の説明へ機械的に転用しているから）であり、それはむしろ、それぞれの神経レベル上の相違——月本の用語では、運動のイメージと感覚（知覚）のイメージとの相違、あるいは身体運動と発声聴覚系のイメージとの相違——を示唆するのではないだろうか。

　こうして月本説においては、順モデル、遠心性コピー、随伴発射、予測感覚などの区別と相互関係が未だ明瞭ではないと言わざるを得ず、それゆえ運動制御（とりわけ遠心性コピー）の理論によるイメージの説明は、目下のところ、運動のイメージにのみ適用し得るものと、とらえるのが妥当な見方なのではないだろうか。

　さらに、イメージやイメージ操作と、抽象的な概念または言語との関係を考える上で、言葉の意味の理解における２つのものの違いに留意する必要がある、と月本と上原（2003）は考えている。それらは、次のように、記号操作可能性と想像可能性である。

　彼ら（2003）によれば、「①言葉の意味の理解には、二重性があり、記号操作可能性と想像可能性の２つに分類しなければならない。②記号操作可能性は、想像可能性に基づいている。③したがって、言語の意味にはイメージが必要である」（p.50）。言語や数学的記号の操作、すなわち記号の操作と、イメージの操作とは異なる。記号操作可能ではあるが、想像可能でないものは多くある（月本，2005b）。たとえば10次元空間がそうである（第４章の冒頭で述べた）。それは抽象的な空間であり、物理的な実態を伴わない。線形空間とか関数空間とかもそうである。これに対して３次元空間は想像可能であるし、記号操作可能である。さらに言えば、「丸い四角は記号操作可能であるが想像可能ではない。これに対して、黄金の山は想像可能であるし記号操作可能である」（同）。

　月本説における、記号操作可能性と想像可能性との区別は、同説が仮想的な身体運動に基づくイメージによって言葉の意味や抽象的な思考を説明しようとするのであるから、イメージによって直接説明できる範囲（想像可能な

範囲）を示唆していると捉えることができるのではないだろうか。

　この２つの大きな違いは、まだある。共同主観性（客観性）を獲得できるか否か、ということである。一人称的意味の理解と三人称的意味（共同主観性）の理解の違いである。

　月本・上原（2003）によれば、これらの相違は次の通りである。

　　（一人称的な意味の理解は——筆者注）われわれが自分自身で行っている行為、すなわち内部観測（内省）に基づくものである。「喉が乾いたときに水がおいしい」という文の意味が理解できるのはわれわれ自身が自分でそういう体験を有しているからであり、直観的にわかるからである。これに対し、三人称的な意味の理解とは他者の行為を外から見て判断する場合である。すなわち外部観測に基づくものである。（月本・上原，2003，p.40）

　　一人称的意味の理解とは、想像可能であるということである。（同p.40）

そして後者の

　　三人称的意味の理解とは、記号操作可能ということである。（同 p.40）

　想像可能性と記号操作可能性という観点は、思考におけるイメージまたはイメージ操作の作用と、言語または言語操作との作用の異同を考える上で、有用である。しかしそれらと一人称的意味の理解と三人称的意味の理解とを機械的に対応づけていることには疑問を提起せざるを得ない。というのは、想像力は、たとえば視点取得の観点からすれば、われわれを他者視点に立てるようにするものであり、一人称的意味の理解のみならず、三人称的意味の理解をも、もたらすからである。そして三人称的意味の理解をもたらすとされる「外部観測」は、一人称的意味の理解をもまた、もたらすであろう。何故なら、ギャラガー（Gallager, 2017）によれば、環境の知覚（外部観測に

相当するであろう）は、実は、環境の情報のみならず、自己の姿勢や運動の情報をも含んでいる（p.41）からである。

　そもそも認識において一人称的観点と三人称的観点を区別するのは、第1章第2節で述べたように、単なる参照系の位置（それが自己身体にあるのか、他者身体にあるのか）を区別しているに過ぎないのであって、発達的には、あるいは認識の内容の上からは、観点（または視点）それ自体がどのように獲得されるかが問題なのである。実際には、想像力は一人称的意味の理解にも、三人称的意味の理解にも開かれている。これは、記号または言語においても同じである。それゆえ、想像可能性と一人称的意味、並びに記号操作可能性と三人称的意味という対応づけは、機械的に過ぎる。

　月本によれば、想像は仮想的身体運動または遠心性コピーの意識化として見ることができる。それゆえ事故や病気で身体のある部分が失われても、多くは仮想的身体運動である想像は可能である。何故なら、「失われた身体の部位を動かす脳の神経回路網が破損していないからである」（月本・上原, 2003, p.55）。そして言語の意味（内容あるいは記号内容）はイメージすなわち仮想的身体運動によって与えられる（同 p.59）ことになる。そして意味を拡張していくのがメタファー機構である。そこで、次に、仮想的身体運動または運動のイメージが他の領域に拡張される手段であるメタファーについて述べる。

第2項　メタファー

　月本によれば、「抽象的な言葉は現実的な物理的世界に対応物がないので、われわれは、（仮想的）身体運動ができない」（月本, 2003, p.62）。そこで「抽象的な表現は一般的にメタファーに基づく表現である。・・・一般的には、メタファーは起点領域から目標領域に投射される」（同 pp.63-64）。

　月本の用語法では、「基本的に他から投射されないような領域を基本領域」、「基本的に他から投射されるような領域を応用領域」と呼び、「基本領域は（仮想的）身体運動で構成されるものである」（同 p.64）。つまり、「抽

象的表現は直接的に（仮想的）身体運動ができないので、メタファー機構を
通じて、その抽象的な表現が表す応用領域を基本領域の（仮想的）身体運動
で代用することになる」（同 p.65）。また、「ある基本領域が別の基本領域の
（仮想的）身体運動で代表されるということもあり得よう。となると基本領
域間の投射もあることになる」（同 p.65）。

　ここまでのところでの各用語の対応関係は、次のようになる。

　　＜月本＞　　　　　　　　　　＜ジョンソン＞
　　起点領域または基本領域──源泉領域
　　目標領域または応用領域──標的領域

なお、月本によれば、抽象的な表現を理解するときに、いつも（仮想的）
身体運動をともなっているわけではない。

　　ある抽象的な文章に最初に出会ったときは、いちいち頭の中で何らか
　のイメージを作って理解しながら、ゆっくりと読み進んでいくが、この
　際は仮想的な身体運動を行っている。しかし、その抽象的な文章になじ
　めば、特にイメージを作らなくても理解でき、なめらかに読めるように
　なる。この場合には、仮想的身体運動をしていない。これは、一連の操
　作や行為に習熟すると、短縮され自動化されて、イメージを必要としな
　くなるからであるが、「イメージを作って下さい」と言われれば、イ
　メージを作れる、すなわち、想像ができる。だから「理解」とは、想像
　性ではなく、想像可能性なのである。（月本・上原，2003，p.65）

　　基本領域は、たとえば空間の内外（包含）であるが、これは他の領域
　のメタファーで表現されないものであり、この内外（包含）の（イメー
　ジ）理解は、記号、言語の世界では遡及不可能であり、身体、現実世界
　にその（イメージ）理解の基盤を求めねばならない。われわれが包含を
　理解できる基底に存在する事実は、われわれ（の身体）がこの3次元空
　間に袋として存在していることである。（月本，2003，p.64）

とすれば、包含関係の理解の根本にあるのは、世界にわれわれの身体が存在すること、あるいはわれわれの身体それ自体だということになる。

　応用領域は、「たとえば経済、教育、政治等の領域」であり、「これらの領域のイメージは基本領域のイメージの組み合わせで構成される」（同 pp.64-65）。そして「ある基本領域の形式（構造）で別のある応用領域を構造化することは、発見につながる」（同 p.73）。「たとえば、関数解析は、もともと距離が存在しない関数の集合を関数の空間として取り扱う。これは、空間メタファーによる発見的想像のよい例である」（同）。

　以上述べたところからわかるように、メタファーは想像の作用である。すなわち、こうである。

　　　われわれがものを考えるときに、自然言語を用いてはいるが、想像力すなわちメタファーに基づいて考えているのであるから、「ものの考え方のパターン」である論理は、自然言語の形式化であるというよりは、想像力すなわちメタファーの形式化であるといえる。（月本・上原. 2003, p.85）

　　　「想像」とは、簡単にいうと、心の中で自由にイメージを思い描くことを意味する。（同 p.167）

　この記述から、月本がメタファーを想像またはイメージ操作と考えていることが理解されよう。

第3項　運動と思考または言語

　月本説における運動と思考との連関を考える時に、さらに次の3つの論点について触れておく必要があろう。すなわち第1の論点は、記号定礎問題または記号接地問題（symbol grounding problem）である。なぜこの問題に

触れる必要があるのかと言えば、それが、「人間が身体を用いて受容する感覚と、言語（記号）を用いて行う思考とはどのようにして結びつくのか、感覚に接地（定礎──筆者注）した言語を用いてさらに新しい言語の体系を構築していくことができるのか」（今井，2014，p.6）という問題、つまり、記号定礎（または接地）問題とは、具体的な感覚と抽象的な記号体系とがどうつながっているのかという問題（今井，2014，p.259）であり、運動の土台である身体と言語や思考との連関の問題だからである。

　月本の身体運動意味論においては、言語という記号の内容、すなわち言葉の意味が仮想的身体運動、すなわちイメージであるので、「想像と身体を通して、物理世界に基礎を定めること（定礎──筆者注）ができる」（月本・上原，2003，p.80）。別の言い方をすれば、

　　たとえば、基本領域を包含（容器）とすると、この包含（容器）の基本領域のイメージはいくつかの感覚運動回路から構成される。そして、この包含（容器）のイメージはいくつかの応用領域のイメージに使われる。したがって、その応用領域の抽象的な記号は、容器の基本領域とその容器の基本領域を構成する感覚運動回路を通して物理世界に基礎づけられるのである。（同）。

　こうして、身体運動意味論は感覚や身体、あるいは運動と、抽象的な記号とが結びつくという理論であるから、「記号定礎問題は解決できる」（同）、と月本は考える。

　第 2 の論点は経験とその形式との関係である。これを取り上げるのは、その形式が思考または認識に深く関わるからである。これに関して月本と上原（2003）は次のように述べる。

　　思想や心とかの抽象的な領域、すなわち、応用領域の構造や形式は、あらかじめ客観的に存在するというよりも、基本領域の構造や形式が投影されることにより構造化される、もしくは形式が与えられるという面

が強いことがわかった。(月本・上原，2003，p.74)

　　基本領域の形式（構造）は、経験の可能性の条件、すなわち経験の形
式と呼ばれるものと同等である。経験の形式とはわれわれ人間が外界、
対象、世界をどう理解し、経験しているかの枠組みであり、有意味な経
験はかならずその形式を有しているような形式のことである。(同 p.74)

しかし、

　　その形式や構造は、経験から得られるのではなく、逆に経験を可能に
しているもの、もしくはそれを通してしか経験できないような、経験の
制約として機能する形式のことである。そしてその経験の形式とは、カ
ントの先天的な認識形式（Kant, I., 1787）の拡張である。これは、文
化、言語に依存している形式と依存していない形式がある。後者は基本
的に、人間に共通な身体に依拠していると思われる。(同)

　月本と上原のこの記述における眼目は、経験の形式（構造）である。彼ら
は、この経験の形式はカントのア・プリオリな認識形式の拡張だとし、カン
トの『純粋理性批判』における次の見解を引用する（月本・上原，2003，
p.75）。

　　すべてのわれわれの認識は経験とともに始まることには、まったく何
の疑いもない。けだし、認識能力が、諸対象を通じて生起するのではな
いとすれば、認識能力の行使は他の何によって喚起されるべきであろう
か。これらの対象は我々の感官に刺激を与え、しかも、あるいはおのず
から表象を惹き起し、あるいはわれわれの悟性の働きを推進するからで
ある。しかも、この悟性の働きは、諸表象を比較し、連結しまたは分離
し、感性的諸印象としての生の素材を加工して、諸対象の認識――この
認識は経験と呼ばれる――を作りあげるのである。だから、時間に関し
ては、いかなる認識もわれわれのうちでは経験に先行せず、すべての認

識は経験とともに始まる。

　しかし我々の認識のすべてが経験**とともに**始まるとしても、だからといって必ずしもすべての認識が経験**から**生ずるわけではない。というのは、われわれの経験認識でさえ、われわれが諸印象を通じて受容したものと、われわれの自身の認識能力が（感性的諸印象によって単にきっかけを与えられて）自己自身から供給するものとから合成されたものであるいうこともたしかにありうるであろうからである。認識能力が付加したものと、われわれが諸印象を通じて受容した根本素材とを区別するのは、長い訓練によってわれわれが認識能力が付加したものに注目し、それを分離することに熟達してからのことである。（Kant, 1787，訳書，上，pp.67-68）

　カントのこの見解に依拠して、月本と上原（2003）が経験の形式に関して主張する重要な点は2つある。1つ目は、基本領域の形式（構造）である経験の形式（構造）は、経験から得られるものではなく、逆に経験を可能にする形式だということである。すなわち月本によれば、経験の形式は経験から生み出されるものではない。だとすれば、経験の形式は抽象的領域に投射されて認識や概念を形づくるのであるから、認識またはその構造が経験から形づくられるのではないことを意味する。またこの場合の経験とは、身体運動意味論における経験であるから、身体運動または仮想的身体運動の経験であると考えられる。だとすれば、身体運動の形式（構造）も、その写像である認識や概念などの抽象的領域における形式（構造）も、経験つまり身体運動から生成されるわけではないことになる。つまり身体運動的活動（経験）は、単なる誘因または契機に過ぎないことになる。これは、カントの、認識は経験をもって始まるが、すべてが経験から生じるのではなく、経験的認識ですら、感覚的諸印象と認識能力（または悟性）との合成物だとする考えと通底するものと言えよう。そしてカントの図式に学び、またキー概念のイメージ図式をゲシタルト構造と表現するジョンソン説とも通底するであろう。

　月本が言うように、経験の形式が「経験を可能にしているもの」であると

いうのは、理解できる。およそ形式、構造、図式、あるいはカテゴリーなどと称されるものは、主体にとっての個々の事象の生起の仕方、または有り様を左右するものだからである。しかしそれが「先天的」であるか否かについては、簡単に答えが出せる問題ではなく、かつ運動と思考との連関の問題とは、目下、あまりかかわらないので、ここではそれを将来の課題として、議論を先に進めることにする。

　2つ目は、経験の形式（構造）に関して、文化、言語に依存している形式と依存していない形式があり、後者は基本的に、人間に共通な身体に依拠している、とされている点である。経験の形式は同時に認識の形式であるので、その認識の形式（または構造）に、文化や言語に依存するものと身体に依存するものの2つがあることになるが、彼は、その形式の成り立ちに2つの異なる経路があると考えているのだろうか。だとしたら、文化、言語に依存する形式（構造）とは何なのか。

　しかし、彼の身体運動意味論は、「言葉の意味はその言葉が惹き起こす（仮想的）身体運動である」（月本・上原，p.88）という意味論、つまり身体運動によって概念または言葉の意味の構造を説明する、新しい理論であったはずである。だからこそ、運動と思考との連関を検討する本論文において取り上げたのである。この部分――文化・言語依存と身体依存の並列説――を月本説の正当な構成要素として捉えると、月本説の基本的枠組みと齟齬を来すことになると言えるであろう。

　これらを、抽象的領域における思考の側から見れば、その形式（または構造）に、身体に由来するものと、言語（または文化）に由来するものの2つがあることになる。しかし身体運動意味論は言語の意味を根本的には身体によって説明する、あるいは言語の意味の由来を身体に求めるものであるので、それは月本説における理論的不整合であることになろう。月本の第1の主張は身体運動がイメージまたは想像を介して概念や思考を形づくるということであったから、月本説を、その限りにおいて理解することにしたい。ということは、思考における身体または運動の作用と、言語または文化の作用のうち、主として前者の作用に限定して月本説を捉えることにする、ということである。

　第3の論点は、仮想的身体運動すなわちイメージと論理との関係である。月本・上原（2003）は、「『ものの考え方のパターン』である論理は、自然言語の形式化であるというよりは、想像力すなわちメタファーの形式化である」（p.85）、と考える。さらに彼らによれば、

　　論理を想像力の言語的側面であるメタファーの形式化という観点から考えると、命題論理は空間メタファーの中で最も基本的な包含のメタファーの形式化である。・・・われわれはベン図なしで命題論理の計算規則だけで包含を理解することは、非常に困難であるか不可能である。したがって、命題論理よりもベン図の方がわれわれ人間にとって、より基本的なものなのであるといってよい。ベン図は包含を表している。したがって、命題論理は、包含の形式化とみるべき（同 pp.85-86）

なのであり、「包含が人間にとって、最も基本的なもの」（同 p.86）なのである。この記述は、空間という思考や認識のカテゴリーにおいて、包含という身体運動的経験がベン図という図式または映像によって表現され、さらにそれが命題論理として形式化されるということ、そしてこの命題論理は、想像力あるいはメタファーが形式化されたものであるということを意味する。
　これに関して、空間に関するメタファー（空間メタファー）をなぜ取り上げたのか、また空間メタファーの中でなぜ包含を基本的なものと考えるのかについては、議論があり得ると思うが、「空間」も「包含」も、思考または認識において基本的なものであり、かつそれらを通して、身体運動的経験と、思考または認識との繋がりがわかりやすく示されている、と思う。つまり包含という身体運動的経験がベン図を介して包含の命題論理が構築される、あるいは理解される、言い換えれば身体運動（の形式または構造）が論理（の形式または構造）になるということである。こうして月本理論は、身体運動的または感覚運動的経験の形式または構造が想像作用（メタファー）によって思考や概念、または認識の構造となるという説である、と言える。ただし先述したように、「知覚のイメージ」の生成の問題、および思考などの形式または構造への言語や文化の作用の問題は残されている。

第3節　本章の総括

　ジョンソンは意味と合理性が概念と命題の領域に押し込まれ、知覚と想像力の領域からは引き離されたとの認識（Johnson, 1987, p.xxxvi 訳書 p.52）に立って、身体化された想像力の理論を構築した。それは、感覚運動的な活動または経験から抽象された構造、あるいはイメージ上の運動構造であるイメージ図式を想像作用（メタファー機構）によって思考または抽象的領域に投射し、そのことによって運動と抽象的な思考とをより直接的に、より大胆に結びつけるものである。

　恐らく理論の基本的アイディアをジョンソン説から得ている月本説（身体運動意味論）は、今を時めく脳画像研究の知見を駆使して、イメージには仮想的身体運動（実際の運動を伴わない運動系の活動）、あるいはより限定的には運動指令の遠心性コピー（脳から筋肉に向けて発射される運動指令のコピー）が必然的に随伴し、その仮想的身体運動あるいは遠心性コピーの意識化がイメージの本態であり、かつ言葉の意味を形成するとし、そして、そのイメージが抽象的領域に投射されて、抽象的な意味または概念が形成されるとする。つまり月本説は、身体運動とイメージと言葉の意味とを結合し、それによって運動と思考との連関を樹立する理論である、と言える。

　両説の比較を表4-3に示してみよう。まず表4-3の上段の生成要因に関しては、両説ともにイメージの生成要因を実際の、あるいは想像上の身体運動的な活動または経験とする。つまりイメージはわれわれの日々の感覚運動的な活動または経験から生まれるとする。ピアジェも同様にそれを概括的に「運動」（模倣）とし、かつ他の研究（たとえば菱谷, 2013）もそれを示唆しており、この点は妥当であると言うことができよう。

　次に二段目と三段目に当たるイメージとイメージの構造に関して述べる。ジョンソン説において、イメージに当るのが具体的あるいは豊かなイメージ（人の顔や物の心的画像）だとすれば、イメージの構造に当るのがイメージ図式である。この2つは、前者が外界の具体的な映像または模写であり、後者がそこから抽象される構造または形式（それゆえ図式）という関係、すな

表4-3　ジョンソンと月本のイメージ理論

	ジョンソン説	月本説
生成要因（源泉）	感覚運動の活動または経験	（仮想的）身体運動の経験
イメージ	具体的または豊かなイメージ	感覚（知覚）のイメージ
イメージの構造	イメージ図式	基本領域の形式（構造） （経験の形式または構造）
想像（メタファー）的投射	概念、思考、推論などへ	言葉の意味などへ

わち具体に対して抽象、内容に対して形式の関係にある、と言える。月本説においては、この関係は視覚イメージ、触覚イメージなどの「感覚（知覚）のイメージまたは知覚のイメージ」に対する、基本領域（身体運動が可能な領域）の形式または構造である「経験の形式（構造）」（この場合の経験は感覚運動的経験）である。それゆえ、それらはイメージに対するイメージの形式（構造）という関係になろう。

　これらのイメージの構造に相当するものは、ピアジェ説においては、操作の論理数学モデル、すなわち群性体と群・束構造であると言えよう。何故なら、ピアジェ説における操作は、イメージが高次化かつ体系化されたものであり、群性体や群・束構造は、操作の構造だからである。

　そして四段目の想像（メタファー）的投射においては、それぞれ、ジョンソン説においては標的領域への、月本説においては応用領域への投射であり、用語が異なっているが、意味するところはまったく同じである。そしてどこから投射されるかというと、ジョンソン説においては源泉領域、月本説においては基本領域である。こちらも用語が異なっているが、運動的な活動または経験が行われる領域という点では両領域は共通しており、したがって基本的には同じと見ることができる。

　月本説においては、神経活動である仮想的身体運動（あるいは遠心性コピー）を理論の重要な構成要素とし、身体運動とイメージとの関係が仮想的

身体運動とイメージとの関係に置き換えられている。先述のように、最近、ジョンソン（2010）も、メタファー的能力の神経モデル構築の可能性に言及しており、神経活動とイメージとの関係の理論は、今後発展する可能性を秘めているが、今のところ、まだその解明は十分ではなく、何よりも、ジョンソンが感覚運動的活動の構造とイメージの構造（イメージ図式）との直接的な関係を明確に謳っているのに対し、月本は、説明のために神経系の活動を導入してはいるが、さらに精緻化される余地を多く残しており、また現在のところ、神経活動とイメージとの些か緩やかな対応関係を述べているに過ぎない。そこで、運動と思考との連関の観点からは、ジョンソン説の方が、より先鋭な提起をしているとみなすことができる。

　ところで、ジョンソン説と月本説における共通の問題がある。それは、形成または発達の観点が希薄であるため、その観点からの、イメージまたはイメージ関連の諸概念——身体運動または感覚運動、イメージ、イメージの構造またはイメージ図式、イメージ操作またはイマジネーションなど——の間の関係が明確に規定されていないことである。

　その根本にある問題は、運動と思考との間を媒介し、知覚のイメージや、運動のイメージまたはイマジネーションを生み出す運動の表象の分類または位置づけが曖昧であることである。そこで、抽象的運動の位置づけの観点から、この点を考えてみよう。

　両説とも、イメージまたは想像を前面に出した（標榜した）理論である。しかしそれは、これまで述べてきたように、運動を本質的生成要因とするのであるから、運動または行為の内的過程を認識（的表象）の側から見た言い方であって、同じことを運動の側から言えば、運動の表象であることになる。そして両者ともに発達的レベルの相違があり得る。運動の側から言えば、高次かつ内的な運動の表象と、低次かつ内的な運動の表象であり、前者が抽象的運動に当たる（第2章参照）。

　高次かつ内的な運動である抽象的運動に対応する想像またはイメージの諸概念は、操作（活動）それ自体（操作または活動の構造ではなく）から見れば、ジョンソンの「空間的操作」、「想像（メタファー）的投射」、月本の「想像」、そしてピアジェで言えば「操作」である。月本の「想像」を抽象的

運動に対応するものとするのは、月本のそれが、「心の中で自由にイメージ
を思い描くこと」（月本・上原，2003，p.167）であり、想像の形式が論理で
ある（月本，2003）、つまり想像は思考の形式である論理と直結するものだ
からである。

　そして、高次かつ内的な運動である抽象的運動に対応する想像またはイ
メージの諸概念を、操作（活動）の形式（構造）（操作それ自体ではなく）
の観点から見れば、それはジョンソンの「イメージ図式」、月本の「基本領
域の形式（構造）」または「経験の形式（構造）」、そしてピアジェの操作の
論理数学的モデルである「群性体」と「群・束構造」であり、さらに類比的
に言えば、第1章で述べた構成行為における構成すべき形態の空間的構造
（形態を構成する要素の空間的相互関係）であろう。このような抽象的運動
（イメージ操作または想像活動）と、その形式（構造：イメージの構造）と
は相対的に別のものであるが、これまで、運動と思考との連関を主張する理
論は、すべて、この区別が曖昧であった。しかし筆者は、この区別の導入を
提案し、かつ次のように主張する。

　空間に関する限り、抽象的運動（高次かつ内的な運動）は思考操作であっ
た（第2章）。その際、抽象的運動は、あくまでも操作または活動それ自
体、あるいは操作を遂行する手段（媒体とも言える）であって、操作の形式
や構造ではない。それゆえ、運動と思考との連関を結果する抽象的運動は、
空間的思考操作（活動）に等しい。

おわりに

　動きは環境の中で生起するから、円滑に動く際には、動きの場である環境の把握が必須である。ここに、動き、すなわち運動と認識とが必然的に連関する理由がある。ザポロージェッツ（Запорожец, 1960, p.59）によれば、「感受性の第一の、基本的な生活上の役割は、動物の運動行動に奉仕することにある」。彼によれば、感受性とは、植物に見られる単なる被刺激性ではなく、より柔軟な同化または求心性の機能、すなわち認識機能に発展し得る性質であるから、それが運動行動に奉仕するということは、認識は運動行動のために、あるいは求心性機能は遠心性機能のために存在するということを含意するであろう。

　認識機能が運動機能の発生を契機として発生したとすれば、認識機能は人間に固有のものではなく、人間以外の動物にも共通に備わっているものであることになる。人間と人間以外の動物に共通する認識の単位は知覚、すなわち事物の同定の機能または機序であろう。運動と知覚とが密接に連関するということについては、大方の見方が一致する、と思われる。問題は、運動と、より高次な思考や概念や推論などの人間に固有の高次心理活動または高次精神機能（Выготский, 1930-1931, p.9）との連関である。本論文の目的はこの連関を議論することであった。概念や推論などの高次心理活動（機能）の成立には、必ず思考が包含されるから、それらを思考という語で概括することにすれば、運動とそれらとの連関は、運動と思考との連関として定式化できる。

第1節　運動と思考との連関の問題

　思考の手段または媒体としてあげられるのは、成熟したおとなの思考をしばしば言語的思考と表現するところから理解されるように、第1に言語であろう。言語の重要性は疑い得ない。しかし、言語が思考の成り立ちにとっていかに重要であったとしても、思考がすべて言語に還元されてしまうわけではない。思考の成立に深く関わるものとして、さらに運動、またはそれを生み出す身体が考えられるのではないだろうか。何故なら、運動は系統発生的観点から見れば、認識を生ぜしめたものだからであり、身体は認識の準拠枠になり得るからである。

　運動と思考とが発達的に連関すると主張する発達心理学者のピアジェは、こう述べる。

　　　問題は一般的なものである。心理学においては、思考を、行為によって準備されたものとして、つまり行為の結果や条件の一種の意識化から成り立っているものとみなすのが一般的である。知能や判断がけっきょくのところ運動によって構成されるのだ、と考えるのは、あまりにもありふれている。こうしたテーゼは、認識の知能をただ実践的な知能に由来するだけのもの、とみなすことにつながる。・・・科学的実在論は、心理学的な操作を運動とみなそうとするはずである。批判的観念論は、運動を判断に還元するはずである。・・・この2つの観点は、異なる2つの次元に位置するものとして両立しうる。(Piaget et Wallon, 1928)

　　　思考が運動であるのかどうか、あるいは運動が思考であるのかどうか、と考えてもむだである。それは、見方によるからである。(同)

　つまり、ピアジェによれば、思考と行為とが深く連関するという見方は、一般的なものである。しかしピアジェのこの言説にもかかわらず、運動と思考との連関の検討はまったく不十分である。成熟したおとなにおいては、両

者は機能的に背反する方向にあるので、無関係であると、とらえられたり、あるいは、逆に、身体やその機能である運動は、認識における特権的な位置を占める原点であると、とらえられたり、まだ見方が定まっていないと言えるであろう。

　この問題に関しては、思考一般ではなく、思考の個々のカテゴリーと運動との連関の深浅を考える必要があると思われるが、両者の連関を主張する既成の理論においては、もっぱら、運動と思考との一般的な関係のみが規定され、思考カテゴリーの相違は考慮されてこなかった。

　思考のカテゴリーという観点から、運動との連関を見た場合、取り上げなくてはならないのは、空間である。なぜなら、運動は、空間的視点取得や、運動制御系と想像上の身体移動との関係などに関するデータが示すように、空間表象の形成（空間認識）と深く連関するからである。そこで、本論文においては、はじめ、空間における運動との連関を検討するために、描画や書字といった高次な空間的行為である構成行為を取りあげた。

　構成行為に関して、まず、痙直型脳性麻痺児に特異的に見られる構成障害の生成要因に関する実験的検討を行った。運動障害を主障害とする脳性麻痺児に視空間の認識や行動の障害である構成障害が随伴するということは、運動と空間認識との連関を示唆し得るからである。その結果、彼らは、形態の弁別（同定または知覚）能力には問題がなかったが、形態の構造の分節化能力は低く、その成績と構成能力との間に正の連関があった。このことは、彼らの構成障害が、単なる知覚とは異なる高次な視空間の認識または構造の認識の障害に起因する可能性を示唆する。しかし他の何人かの研究者は、構成行為に問題のある脳性麻痺児が形態の弁別には問題がないことから、彼らの構成障害は認識したもの（形態の空間的認識）を行為のパターンに変換する過程の障害から起こると考えた。

　そこで、痙直型脳性麻痺児の構成障害が構造認識の障害から起こるのか、それとも行為への変換過程の障害から起こるのか、という問題を検討するために、構成行為の機序を検討した。

　認識と行為の2つの側面から成る構成行為は、視覚を通して与えられる形態を、視覚と運動によって空間的に再生する行為である。形態を構成するた

めには、その形態を単に弁別できるだけではなく、その空間的構造をも正しく把握する必要がある。構造を把握するということは、それを形づくる各要素を分節化し、各要素の空間的相互関係を抽象するということである。そして各要素を分節化するという過程は、それらを分解する、あるいは組み立てる行為の表象を描くという過程（行為のプランニングあるいはプログラミングの過程に相当する）と重なり合っていると思われる。したがって形態の構造の認識それ自体の中に、それを形づくる行為、あるいは手続きの表象が包含される。

　こうして空間的構造の把握のような高次な空間表象——抽象的空間表象と呼ぶ——の形成においては、高次な運動表象——高次かつ内的な運動——が、その必須の形成要因として関わる。この場合、高次かつ内的な運動は、実際の運動が個々の運動の連鎖から成るのと同様に、表象における要素運動の継起、すなわち継時的な過程の表象であり、これに対して抽象的空間表象は、他の認識的表象と同様に結果の表象であると言える（仲山，2010・2011）。

　すなわち構成行為の本質的要素である高次かつ内的な運動によって形づくられる抽象的空間表象は、認識の側から見れば同時的表象である抽象的空間表象であるが、行為（運動）の側から見れば、継時的過程である高次かつ内的な運動であることになる。とすれば、先に提起した痙直型脳性麻痺児の構成障害の生成要因は、認識面から見れば、高次視空間認識（抽象的空間表象の樹立）の障害から起こると言え、行為（運動）面から見れば、高次かつ内的な運動の障害から起こると言える。すなわち両者は同一事象の２つの側面である、あるいは抽象的空間表象樹立の障害という単一の障害から起こる、と言える。

　構成行為の遂行の際に必要な高次な空間的構造の認識（抽象的空間表象の樹立）において働く「高次かつ内的な運動」は、運動と認識または思考との２つの性質を合わせ持つが故に、両者の連関においても、鍵となる概念である。

　思考との連関が想定される高次かつ内的な運動（高次な運動表象）は、低次かつ内的な運動（低次な運動表象——知覚などを結果する）とは異なり、

運動を意識的に、かつ自由に思い描く動的な過程であると想定しうる。そしてそれらの特徴は、低次な運動表象が抽象化されることによって生まれてくるものであると考えられる。なぜなら、抽象化されることによって、具体的な知覚像や知覚のイメージの拘束を超え、実際に運動したことのない運動をも実行することが可能になるからである。つまり抽象性がその本質的特徴であると言える。したがって筆者は、この高次かつ内的な運動を、抽象的運動（abstract motor action）と呼ぶ。

　抽象的運動に類する概念としては、運動イメージ（Decety, 1996；他）、メルロ＝ポンティの潜勢的運動（Merleau-Ponty, 1945）などをあげることができる。これらに通底するのは、目前の知覚像や、具体的なものの静的なイメージ（今ここにはいない友人の顔の映像のような記憶イメージなど）ではなく、それらを自由に動かす内的な運動または行為であり、潜在性、可能性などの特徴を有する。これらのことから抽象的運動を、知覚像またはイメージが抽象化され、かつ抽象化されることによってそれらを随意に操作できるよう（可動的）になったもの——それらの自由な運動的操作——である、と規定することができ、またそれに関して次のように言うことができる。

　すなわち、それによって主体は、①現実に存在する対象を現実の制約を超えて自由に動かすことができる、すなわち可能性において運動（行為）することができるようになること、②正常な運動は、潜在性、可能性などの属性を持つ、すなわち内に秘められた内的な過程である抽象的運動と、実際の筋肉の収縮によって実行される現実の運動とのアンサンブルによって遂行され、かつ③正常な空間認識も、抽象的運動が与えると想定し得る潜在的空間と現実的空間とのアンサンブルによって遂行されること、そして④抽象的運動が思考との連関を媒介すること、である。

　思考の基本的操作は分析と総合である。分析と総合は、構成要素を抽象し、それらを自由に動かすことを通して新しいものを構成する、すなわち可能性において創造する過程であり、それによって今までに見たことにないものもつくることができるようになる。この過程の抽象性、可動性、そして可能性は、抽象的運動との共通点である。これらの共通点ゆえに、ピアジェは

高次な運動表象（体系的内的運動）と思考操作とを同一視し、かつ前者が思考操作の形式（体系または論理）をも形成すると考えた。しかし、思考操作の形式の起源は、おそらく身体または運動の人類における共通性と、言語にあると考えられる。では、思考操作における抽象的運動の役割は、どこにあるだろうか。

　この点をさらに検討するために、運動の内面化によって思考の成り立ちを説明し、かつ運動と思考とが連関すると主張するピアジェの発生的認識論（ピアジェ説）を検討した。

　ピアジェ説においては、精神発達がシェマの分解・統合の過程としても描かれる。シェマとは一つのまとまりをもち、くりかえしの可能な活動単位である。感覚運動レベルにおける活動シェマや、高次の知的活動における内化した活動単位としての操作的シェマがそうである。適応 – 体制化の機能またはその中の同化 – 調節の機能は、生物体の不変の機能であり、この機能を遂行する構造の１つがシェマである。「哲学用語でいえば、体制とは形式的整合性であり、調節とは《経験》であり、同化とは経験内容を論理的形式に結びつける判断行為である」（Piaget, 1948, p.415, 訳書 p.425）。子どもが、「これはぶら下がったものだ」とか「物体は落下する」とか判断するさいの判断もまた、「知覚された性質を主体の行為に依拠したシェマ体系のなかに取り込むことにほかならない。これらの判断が内蔵する階層化されたクラスや関係は、究極的には感覚運動シェマ（これは活動による構築物すべての根底にある）の上に成り立っているのである」（同 p.420, 訳書 p.430）。関係の体系として考えられた生物学的過程のなかに知的構造の根源を求めようとするゲシタルト心理学の努力に共感するピアジェは、自身の同化の仮説はゲシタルト理論を乗り越えようとするものであり、シェマはゲシタルトの概念を力動的にしたものであって、ゲシタルトは先行経験を考慮に入れないために歴史を持たないのに対し、シェマはその中に過去を縮約した、それゆえ生きられた経験の能動的体制化である、とする（同 pp.382-383, 訳書 pp.394-395）。つまり、発達の各段階を追って個々のシェマの歴史を１つ１つたどることが可能であり、構造の形成は経験の歴史的展開と切り離すことができない、とする（同訳書 p.399）。

　シェマの分化・統合の帰結として、認識発達をいくつかの大きな段階に区分することができる。各段階の中核的単位は、運動、イメージ、操作（思考操作）である。しかし彼の意図に反して、イメージ、すなわち内的運動と、操作、すなわち体系的内的運動との間には乖離、または発達的な不連続がある。何故なら、操作の本質的特徴である体系性の起源をイメージに求められないからである。同じく、体系性の起源を最初期の運動に求めることもできない。何故なら、本来非可逆的な運動に体系的性格は認められないからである。すなわち操作は先行する中核的単位から導き出されたものではなく、それゆえピアジェ説においては、運動から操作までを一本の道筋で繋ぐことはできなかった。しかしながら、同説においては、思考発達は運動の自己展開過程として、つまり運動が自己の可能性を実現してゆく過程として描かれている。それは、発達最初期の中核的単位である運動に思考発達の形成要因のすべてを帰すことになるという意味において、基底還元論に該当し、それゆえ発達過程において新しいもの（創発的なもの）の出現は認められないことになる。

　さらに運動と思考との具体的連関を考える場合、運動と、思考や経験の個々のカテゴリーとの連関の深浅を考える必要があると思われるが、ピアジェ説においては、それはまったく考慮されず、ただ運動と思考一般との連関が想定されていた。

　しかしそうしたことは、運動と思考とが連関していることの否定、あるいは「行為の論理 Logic of action」が「知的操作の論理の源泉になる」（Piaget, 1968, 中垣, 2007, p.79）ことの否定を意味するのではなく、ピアジェ理論の未成熟、それゆえその発展の可能性を意味していると捉えるべきであろう。だからこそ、ピアジェ自身も、自己をピアジェ（理論）の改革者（Revisionists of Piaget）の一人と見なしている（Piaget, 1968, 訳書 p.2）のである。

　すなわち筆者は、内面化された運動によって形づくられる表象、すなわち運動の表象と、思考との間に何らの連関もないかという問いに対して、否と答える。なぜなら、ピアジェが体系的内的運動と呼んだもの、すなわち高次なイメージまたは想像に相当する高次な運動の表象が存在し、かつそれが関

係または論理を抽象する過程、すなわち思考操作の過程に、別の形で関与する可能性が考えられるからである。

　そしてその体系的内的運動（それは実質的にイメージ操作である）、すなわち操作こそ、まさに本論文において提起した抽象的運動である。ただし抽象的運動は、操作または活動それ自体を指し、操作（活動）の形式または構造（ピアジェ説においては群性体や群・束構造という論理数学モデル）を表すのではない。

　この抽象的運動の作用を具体的に検討するために、さらに想像力の理論——想像力によって思考を説明する理論——を検討した。それらは、ジョンソン説と月本説である。両説は、想像（活動）あるいはイメージ操作を理論の中核に据えているが、それは運動が内面化されることによって形成されるものである。それゆえそれらも、運動の内面化によって思考を説明する理論だと言える。

　ジョンソンの身体化された想像力の理論は、感覚運動的な活動または経験から抽象された感覚運動的構造で、かつイメージの構造であるイメージ図式が抽象的な認識の領域に想像（メタファー）的に投射されて、思考や、概念や、推論などが形づくられる、あるいは抽象的な概念的思考（Lakoff & Johnson, 1999, p.19）が形づくられるという理論である。

　イメージ図式は、感覚運動的構造であり、かつ思考に写像されるイメージの構造であるという意味において、ピアジェの操作（体系的内的運動）の形式（群性体や群・束構造）に相当するものだ、と思われる。それは、イメージの操作または活動それ自体とは区別され、かつ特定のイメージ（視覚イメージなどの知覚のイメージ）とは区別される。しかし、ジョンソン説においては、感覚運動的活動、イメージ、イメージ図式、イメージ操作、そしてメタファー（想像）的投射の間の区別と相互関係がはっきりしない。これに関する、思考との連関という観点からの大きな問題は、操作（活動）それ自体——イメージ操作（イメージ図式と相互作用したりする操作や、メタファー的投射を遂行したりする操作）あるいは想像（活動）——と、操作（活動）の構造（形式）——イメージ図式——との区別と相互関係がはっきりしないこと、である。イメージまたは想像は運動の表象から形づくられる

のであるから、より本質的には、運動表象の活動と、その形式（構造）との区別と相互関係がはっきりしないことである、と言える。

　ただし、イメージの操作または運動表象の活動それ自体とは区別されるその形式（構造）に当たるイメージ図式（ジョンソン説）と操作の体系（形式または構造：ピアジェ説）との間には、相違もある。

　ジョンソン説のそれが運動（感覚運動）の構造であるのに対し、ピアジェ説のそれは、運動を起源とするとしつつも、運動の構造であるのか、言語や命題の構造であるのかはっきりせず、それゆえジョンソン説の方が、運動と思考や概念とをより直接的に、またより先鋭的に結びつける理論だと言うことができよう。

　また、ジョンソン説も、ピアジェ説（発生的認識論）と同様に、思考や経験のカテゴリーの相違を考慮しないという誤りをおかしている。

　ジョンソンの想像力の理論と基本的に同じ理論的枠組みを持つのが、月本の身体運動意味論または仮想的身体運動の理論である。それは、仮想的な身体運動（実際に運動を行わなくても運動系が活性化すること、つまり神経系が筋肉を仮想的に動かすこと）に伴ってイメージが生起し、そのイメージがことばの意味を形づくるという理論である。それはイメージを神経活動から説明するので、神経科学的理論とも言われる。ただし抽象的なことばは現実世界に対応物を持たないので、仮想的な身体運動ができない。そこで、それができる領域（基本領域）からメタファーを通してイメージを流用する。こうして身体運動がイメージを介して抽象的な意味を形づくる。

　このように、月本説においては、イメージの生成には、仮想的身体運動が重要な役割を演じるが、それとともに重要な役割を果たすものがもう一つある。それは他者の存在である。すなわち、「表象の発生には手続き記憶が必要である。それはどこから来るか、それは乳幼児期の運動学習から来る。学習の多くは、母親をはじめとする周囲の人間の身体動作の模倣による」（月本, 2010b, p.64）。つまり、「表象の発生には他人が必要なのである」（同）。こうして月本の仮想的身体運動の理論は、運動と他者を契機とする思考の理論であるとも言える。

　月本説に関して留意すべきことが3つある。1つ目は、視覚イメージ、聴

覚イメージ、触覚イメージなどの知覚のイメージと、運動のイメージとを一括してイメージとしていることである。しかし、両者には、先述のように、仮想的身体運動（非運動時の神経系の活動）の生起の仕方において、すでに相違があるので、目下のところ、イメージと仮想的身体運動との対応関係は、動かすことそれ自体を表す運動のイメージと仮想的身体運動との間にのみ認められる、と捉えておき、今後、知覚のイメージ（視覚イメージなど）と仮想的身体運動との関係の詳細を明らかにしつつ、イメージ一般と仮想的身体運動との全体的な関係を再検討すべきなのではないだろうか。

　月本説に関して留意すべきことの2つ目は、月本説もジョンソン説と同様に、イメージの構造（月本説の場合は経験の形式または構造、表4-3参照）と、イメージの操作（活動）または想像（活動）との間の区別と相互関係、それゆえ運動表象の区別と相互関係が曖昧であること、そして3つ目は、月本説もやはり思考や経験のカテゴリーの相違を考慮しないという誤りをおかしていることである。

　こうして、ジョンソン説と月本説の共通の問題は、第1に、運動の表象、それゆえイメージまたは想像に関する区別と相互関係が曖昧であることである。とりわけ、想像またはイメージ操作それ自体と、想像またはイメージ操作の形式（構造）との区別と相互関係が曖昧である。抽象的運動は、まさに前者に当たる。

　そして第2に、思考または経験のカテゴリーの相違を考慮していないことである。実はこの第2の問題は、ピアジェ説の有する大きな問題の1つでもある。したがって、それはジョンソン説、月本説、そしてピアジェ説における共通の問題である。

　最後に、結論と今後の課題を述べるが、その前に、それらに至る道筋をより明瞭にするために、本論文における中核的な概念である知覚像またはイメージの自由な運動的操作（内的な運動的操作）、すなわち抽象的運動の観点から、本論文が明らかにしたことを振り返りつつ、結論と今後の課題を導くことにする。

第 2 節　抽象的運動と空間的思考操作

　運動と思考との発達的連関を問題とする本論文において、最初に、高次な空間的行為である構成行為を検討した。そこで明らかになったことは、構成行為における認識——形態の構成要素の空間的相互関係、すなわち空間的構造の視覚的認識——と、行為——認識した空間的構造を手などの自己身体の運動によって空間的に再生する行為——の 2 つの側面は、抽象的空間表象によって遂行される同一事象の 2 つの側面であり、それゆえ構成行為の本質は抽象的空間表象である、ということである。

　抽象的空間表象は、高次な運動表象、すなわち高次化され、かつ内面化された自己身体の運動、または内面化された運動的操作——これらをそれぞれ「高次かつ内的な運動」または「内的な運動的操作」と呼ぶことにする——によって形づくられる。そして高次かつ内的な運動は、知覚像や知覚のイメージを樹立する「低次かつ内的な運動」と対比をなす。

　これらに関して、まず、認識の側から見れば、空間的構造の認識は、単に諸形態の間の異同を弁別するような低次な認識ではなく、それを土台としつつも、より高次な分節化（あるいは分析）能力によって実行される同時的で、かつ複雑な構造の表象の獲得を意味する。「同時的」と言うのは、一瞬にして成立すると思えるほど短時間で生起する事象であるからであるが、実は、構成する行為の内的な過程（高次かつ内的な運動の過程）を短縮化された形で包含し、したがってそれは、内的な行為過程（高次かつ内的な運動の過程）が同時的表象へ変換されたもの、あるいはその結果である、と言える。

　次に、行為の側から見れば、構成行為における、自己身体の運動によって形態の構造を再生する行為は、同時的な認識とは異なり、継時的な過程である。それは、実際に構成材料（構成要素）を手に持って、あるいは表象において、さまざまに動かしつつ、形態全体に適切に位置づける構成の過程である。この表象における（内的に進行する）行為の過程は、高次かつ内的な運動または内的な運動的操作によって遂行されると想定できよう。

構成行為における認識と行為の2つの関係を見ると、認識（同時的表象＝空間的構造の表象）は行為（継時的過程＝内的な運動または行為の連鎖）の結果であり、行為は認識に依拠して展開される。つまり、高次かつ内的な運動による行為過程（内的な運動または行為の連鎖）が包含されて、空間的構造の表象が形づくられ（認識）、その行為過程は空間的構造に基づいて、あるいは規定されて展開される。構成行為おけるこの空間的構造（認識）と内的な運動的操作（行為）との関係は、構成行為が空間に関する認識（思考）または行為であることから生まれる、と思われる。というのは、空間はそれ自体の中に関係をとらえる手がかりがなく、それゆえ、おそらく、自己身体とその運動を手がかりとしなくては（運動を包含しなくては）、認識または思考が成立しないからである。

　構成行為における抽象的空間表象を形づくる高次かつ内的な運動（高次な運動表象）は、低次かつ内的な運動（低次な運動表象）とは異なり、運動を意識的に、かつ自由に思い描く動的な過程であると想定し得る。なぜなら、それは、目前のもの（知覚像）、あるいは記憶の中のもの（記憶イメージ）を随意に加工して新しいものをつくり出すからである。そしてそのような特徴は、低次な運動表象が抽象化されることによって生まれて来るものだと考えられる。なぜなら、抽象化されることによって、具体的な知覚やイメージの拘束を超え、実際に運動したことのない運動をも実行できるからである。それゆえ、高次かつ内的な運動を「抽象的運動」という用語で概括することにする。

　抽象的運動は、筋肉による実際の運動とは異なる潜在的で、可能性を秘めた運動であり、かつ空間的認識を結果するという意味において、自己身体や物を動かすイメージ、すなわち運動イメージや、メルロ＝ポンティの潜勢的運動などと通底する。そこで、抽象的運動を知覚像やイメージの自由な運動的操作と規定することができる。それは、前述のように、内的な運動的操作であり、また高次な運動表象である。その概念によって構成行為の機序をとらえ直せば、次のように言うことができる。

　構成行為の1つの側面である形態（モデル）の空間的構造の認識は、材料（要素）をさまざまに動かす（それらを組み合わせたり、形態を分解したり

する）内的な運動的操作、すなわち抽象的運動が短縮化されつつ包含され、同時的な表象となったものである。

そして構成行為のもう1つの側面である形態の空間的構造を再生する内的な行為は、同時的表象である空間的構造を抽象的運動によって展開する、あるいは繰り広げる継時的（連鎖的）な過程である。構成行為におけるこの2つの側面は、相対的に区別できるが、同時に相互連関する。この区別を、より一般的な区別と対応させれば、次のようになろう。

<認識的側面>　　　　　　　　<行為的側面>
　抽象的運動が包含された　　　　抽象的運動が展開する
　同時的表象――――――――――継時的過程
　形態（構造）――――――――――運動的操作（活動または機能）
　空間―――――――――――――時間

次に、主として、この抽象的運動に基づく認識――構成行為において見出した、抽象的運動による認識（同時的表象）――と、行為――同様に見出した抽象的運動による内的な運動または行為の連鎖（継時的過程）――との区別と相互連関の観点から、ピアジェ説、ジョンソン説、そして月本説を見てみよう。

発達的観点から見た運動の内面化説の代表的理論であるピアジェ説は、思考を運動との類似においてとらえようとし、かつ内的な（運動的）操作（抽象的運動に匹敵する）に認識的意義を与える新しい発達理論であった。今もその意義は失われていない。しかし同説においては、思考（操作）と先行の段階との間に乖離が認められる。すなわち、運動から思考までの発達を一本の線で繋ごうとした試みは失敗に帰し、思考の形成を先行の段階によっては整合的に説明できなかった。これが発達的観点から見たときの最大の問題である。次に、抽象的運動の観点から見たときの問題を述べる。

ピアジェの操作は、高次（体系的）な内的運動であり、潜在的、可能的運動であるともされるところから、抽象的運動に相当すると見なすことができるが、そこにいくつかの問題を指摘できる。第1は、思考を運動から説明す

るはずであったにもかかわらず、思考生成の要因として社会的協働を持ち出していることである。思考が社会的協働によって生成されるのだとすれば、抽象的運動および現実の運動は思考生成において重要な役割を演じないことになる。だとすれば、それは、運動によって思考の生成を説明するはずであったピアジェ説の理論的不整合に当たるであろう。

　第2は、操作それ自体と、操作の形式または構造との区別と相互関係が曖昧であることである。ピアジェは思考生成の要因として社会的協働を持ち出しているにもかかわらず、他方では、抽象的運動に相当する体系的内的運動（高次な運動表象）と思考操作とを同一視し、かつ前者が思考操作の形式（体系または論理——ピアジェ説においては、群性体や群・束構造という論理数学モデルによって表される）をも形づくると考えた。しかし思考操作の形式または構造の起源は、既述のように、おそらく身体や運動の人類における共通性や、言語にある。

　ピアジェ説においては、抽象的運動に匹敵する体系的内的運動は、同時に操作（思考操作）であるから、その操作の論理数学的モデルである群性体や群・束構造は、操作の形式または構造を指すことになる。しかし操作というとき、操作の形式または構造とともに、当然、操作それ自体も指すであろう。すなわちピアジェ説においては、操作という体系的内的運動（あるいは内的な運動的操作）は、操作の形式または構造と、操作それ自体の双方を指すと思われる。しかし同説においては、この区別と相互関係が曖昧であり、さらに、操作の形式または構造の論理数学的モデル（群性体や群・束モデル）が運動の構造であるのか、言語または命題の構造であるのかはっきりしない。

　構成行為との類比で言えば、ピアジェの操作における操作それ自体に当たるのが行為的側面、すなわち内的な運動または行為の連鎖（継時的な過程）——抽象的運動の遂行——であろう。というのは、操作も、構成行為の行為的側面も、内的な運動的操作を表すからである。そして操作の形式または構造に当たるのが、認識面、すなわち形態の空間的構造であると思われる。というのは、この場合の空間的構造は運動的操作（抽象的運動）がそれに基づいて行われるものであり、かつ運動的操作がそこに至り着く目標である、す

なわち空間的構造は、運動的操作（抽象的運動）の遂行を規定する枠組または形式であるからである。

　構成行為における空間的構造に類比し得る操作の形式または構造は、運動（内的、現実的双方とも）に基づくというよりも、前記のように、運動や身体の人類としての共通性や言語に基づくと仮定するのが適切だと思われる。とすれば、体系的内的運動（抽象的運動）は、思考操作を遂行する手段または媒体としての機能を果たすととらえるのが妥当だと言えよう。

　そして第３は、思考のカテゴリーの相違を考慮していないことである。運動と思考との連関の程度は、思考または認識のカテゴリーによって異なり得る、と思われる。しかしその相違を無視し、運動と思考全般が連関するととらえれば、前述のように、思考形成における運動要因の過度の一般化と強調の傾向を生ぜしめるであろう。多くの研究者が指摘するように、運動との連関の程度が高いのは、空間であると思われる。抽象的運動による区別と相互連関の観点から見ると、空間的な思考または認識の固有の性質がその根拠であると思われる。すなわち、空間それ自体には手がかりが存在しないので、構成行為における認識において示したように、空間的構造に関する認識は、内的な運動または行為の表象（内的な運動的操作）を包含して成立する、言い換えれば、運動に依拠しなければ空間を把握することが難しいからである。

　以上から、抽象的運動に相当するピアジェの操作は、思考操作（内的な運動的操作）の中で運動とのつながりがとりわけ深いもの、すなわち空間的思考操作であると、とらえるのが妥当だと言えよう。

　次に、ジョンソン説と、それと基本的に同じ理論的枠組みを持つ月本説を述べる。彼らの基本的アイディアは、感覚運動的活動から抽象されたイメージの構造（image schema イメージ図式）、あるいは非運動時の運動系の活動（virtual bodily movement）が、抽象的な領域に想像力（メタファー機構）によって投射され、思考や概念の構造が形づくられる、というものである。それは、社会的協働ではなく、感覚運動の構造と、思考の構造とをメタファーによって結びつけようとするのであるから、運動と思考とをより直接的に結びつけるものであると言える。そして抽象的運動の観点からは、ジョ

ンソンと月本における想像（活動）が抽象的運動に匹敵すると考えられる。何故なら、彼らにおけるそれは運動と思考とを媒介する内的な運動的操作を表すと思われるからである。しかし抽象的運動の観点からはいくつかの問題を指摘できる。まず、ジョンソン説について述べる。第1は、やはり、思考のカテゴリーの相違を無視していることである。このことの帰結については、すでに述べた。

　第2は、発達的観点が希薄であるために、運動、イメージ、イメージ図式（イメージの構造）、想像（イメージ操作）などの間の区別と相互関係、別の観点から言えば低次なものと高次なものとの間の、あるいは操作（活動または機能）とその構造との間の区別と相互関係が曖昧であること、である。ジョンソン説におけるイメージ図式は、運動（感覚運動的活動）とイメージの抽象的構造であるから、それらの操作（活動）の形式（構造）であることになる。とすれば、イメージ図式と想像活動（イメージ操作）とは、構成行為における認識と行為のように、区別——前者が同時的表象、後者が継時的過程——されつつ、相互連関する—前者は後者の過程を包含して成立し、後者は前者に基づいて展開される——という関係にあることになる。しかしジョンソン説においては、おそらく発達につれて明瞭になるであろう、この区別と相互関係がきわめて曖昧である。言い換えれば、発達における低次なものと高次なものとの区別、および構造と操作との区別が曖昧である、ということである。前者の発達における低次なものと高次なもとの区別とは、発達的に低次なレベル、すなわち低次かつ内的な運動が機能する（知覚やイメージが機能する）レベルと、高次なレベル、すなわち抽象的運動（高次かつ内的な運動）が機能する（イメージ図式やイメージ操作が機能する）レベルとの区別である。そして後者の構造と操作との区別とは、その発達の高次レベルにおける、形式または構造に当たるイメージ図式と、それと相互作用する想像活動（イメージ操作）との区別である。この区別は、構成行為における空間的構造（認識面）と、それと相互作用する内的な運動的操作（行為面）との区別に類比して見ることができよう。

　これらの区別と相互関係が曖昧であるのは、おそらく発達につれて相互作用しながら分化し、統合するという変化の過程への考慮が足りないからであ

る。

　月本説は運動による想像力理論の神経科学的理論構築の可能性を秘めているが、ジョンソン説と同様の問題を指摘できる。すなわち第1に、思考カテゴリーの相違を考慮していないこと、第2に運動と想像に関わる諸概念の区別と相互連関が曖昧であること、である。

第3節　結論

　以上述べてきたことから、次の結論を導くことができよう。

　まず、運動と思考との連関に関する理論的誤り、または不十分さに関しては、次の諸点をあげることができる。すなわち、第1に、思考カテゴリーの相違による連関の有り様が異なり得ることを無視していること、第2に、発達的に高次なものと低次なものとの区別と相互関係が曖昧であること、そして第3に、運動的操作（活動）またはイメージ操作（活動）と、その操作の形式または構造との区別と相互関係が曖昧であること、そして第4に、ピアジェの発生的認識論に関しては、思考の形成要因を発達最初期の運動に帰す説、すなわち基底還元論に陥り、それゆえ発達過程における新しい（創発的な）ものの生成を認めないこと、である。

　次に、これらの誤りの克服を意図し、運動と思考との連関を検討した結果、その連関に関しては次のように考えることができる。

　発達過程において新たに生成される高次な運動表象であり、かつ知覚像やイメージの自由な運動的操作である抽象的運動は、思考のカテゴリーとしての空間と必然的に連関する。高次空間表象である抽象的空間表象が抽象的運動の過程を包含してはじめて成立するからである。そして、正常な運動は、潜在性、可能性などの属性を持つ抽象的運動と、現実の運動（筋肉運動）とのアンサンブルによって遂行され、かつ潜在的空間が抽象的運動によって与えられると想定されるのであるから、空間認識も、潜在的空間と現実的空間とのアンサンブルによって遂行される、と仮定できる。

　より一般的に言えば、正常な運動は抽象的、潜在的、可能的なもの（抽象的運動）と、具体的、顕在的、現実的なもの（実際の運動）とのアンサンブ

ルによって、また正常な空間認識も、潜在的空間と現実の空間とのアンサンブルによって実現される、と仮定できる。言い換えれば、正常な運動や、空間認識または思考操作は、ヴァーチャルなものとリアルなものとのアンサンブルによって実現される。

　そして抽象的運動は、抽象的空間表象（高次空間表象）を生成する思考操作、すなわち空間的思考操作でもあると見なすことができる。何故なら、分解と合成の継時的過程という過程としての共通性を持つからである。ただし抽象的運動は、それ自体としては体系性あるいは組織性を持たないと考えられるので、空間的思考操作を体系（組織）化したり定式化したりする（たとえばユークリッド空間や射影空間などとして、あるいはそれに類比し得るイメージ図式などとして）機能ではなく、思考操作を遂行する手段としての機能を担う、と考えることができる。その意味において、空間的思考操作は運動的思考操作とも言い得よう。また空間はしばしば視覚機能と関連づけて議論されるが、それは特定の感覚モダリティーにのみ存在するわけではなく、すべての感覚モダリティーに存在しうる（聴覚空間、触覚空間などとして）ので、思考または経験の基本的なカテゴリーであると言うことができる。それゆえ抽象的運動が空間的思考操作の手段だとすれば、それは空間またはその表象を介して、すべての思考操作の手段になり得る。

　こうして、運動は抽象的運動になることによって、空間的思考操作の手段としての機能を果たし、かつ空間的思考操作を介してすべての思考操作の手段としての機能を果たすか、あるいはそれを介してすべての思考操作に何らかの関与をするであろう。

第4節　今後の課題

　本論文に残された課題を2つ述べる。第1の課題は、空間的思考操作における運動（抽象的運動）の機能をいっそう明瞭にするために、空間的思考操作のもう1つの主要な手段である言語と運動との関係を明らかにする、ということである。

　空間的思考操作において、言語は、一方では、運動とは異なる機能を果た

すと推測される。なぜなら、両者の間には本質的な相違点があるからである。すなわち第1に運動が空間的（または映像的）であるのに対し、言語が命題的であること、第2に運動が体系性を持たないのに対し、言語が持つこと、第3に運動が想像によってはじめて社会的（または集団的）になり得るのに対し、言語はもともと社会的（または集団的）であること、第4に運動が身体的（身体が生成する）であるのに対し、言語が非身体的（身体が生成しない）であること、そして第5に運動が眼に見えるのに対し、「意味^{シニフィカシオン}は眼に見えない」（（Merleau-Ponty, 1964, p.263, 訳書 p.308）ことなどである。

　しかしながら、言語は、他方では、運動と相互に連関し合う関係にもあると思われる。なぜなら、言語は発達の過程で思考と交じり合って、すべての心理活動に関与すると考えられるからであり、また逆に身体化された想像力の理論や身体運動意味論が示唆するように、運動はことばの意味の生成に関与しうる、すなわち言語と運動とは必然的に結びつき得るからである。そしてさらに、両者は発達のある段階（おそらく同時期に）から、本来の、高次な機能を発揮しだすと思われるからである。

　そこで、空間的思考操作の二つの手段、すなわち運動と言語との間の区別と相互連関を明らかにするという課題を新たに提起しなくてはならないであろう。

　第2の課題は、抽象的運動と、自己に起因しない運動との関係を明らかにする、ということである。抽象的運動における運動は、自己が、自己自身の身体やそれ以外の物を動かす内的な運動的操作、すなわち自己に起因する運動を想定している。しかしわれわれが経験する運動には、他者の身体の動きや物の運動のような自己の運動に起因しない運動も含まれる。そこで、両者が発達的にどのような関係にあるか、という問題を提起できる。すなわち、自己の身体や他のものを動かす運動表象である抽象的運動が形成される過程で、自己の運動と他者または他の物の運動とがどのように関係し合うのか、という問題である。これまで、さまざまの認識の領域において、前者（自己）から後者（他者）へという発達の方向が暗黙の前提、または常識となってきたように思われる。しかし、それがむしろ逆である可能性も存在する。たとえば河野（2000）は、「模倣の実行においても最初に意識するのは己の

身体ではなく、自分が働きかけようとしている対象である」(p.88) とし、またギャラガーとザハヴィ (Gallager & Zahavi, 2012) は、「発達的なパースペクティブからすると、他者はそもそもの最初から現前している。・・・何かが手許存在ないしアフォーダンスであるのは、それが私たちの身体的な行為可能性に関係する仕方のためだけでなく、私たちが自分の行為や事物が何のためのものなのかということを他者から学んだからでもある」(p.120) とする。

　とすれば、われわれの認識の対象は、はじめは、自己以外の対象、または他者にとっての対象であって、自己身体または自己にとっての対象ではないことになり、それゆえ発達的には他者から自己へという方向を描くことが可能かも知れない。これに関して一定の見通しを得るためには、今後さらに膨大なデータと議論が必要であろう。また、この問題は、広く、一人称的運動イメージと三人称的運動イメージとの関係、自己中心座標系 (egocentric reference frame) と環境中心座標系 (allocentric reference frame) との関係 (Vidal, Amorim & Berthoz, 2004；乾，2007；Le Séac'h, Senot & Mclintyre, 2010)、および身体空間と対象空間との関係の問題などと深く結びついている。

　以上の課題の追求は、運動と思考との連関の解明をいっそう前進させる、と思われる。

あとがき

　本書は2019年に立正大学に提出した博士論文を収録したものであり、同大学の出版助成を受けて出版される。

　本論文を執筆する過程、および哲学を学ぶ過程において、立正大学の村田純一先生の懇切丁寧なご指導を賜った。村田先生のご指導がなければ、本論文は完成しなかったと思う。先生が筆者に示された哲学的な見方やアプローチは新鮮であり、人間に関わる事象は自然に関わる事象と同様に、あるいはそれ以上に複雑で多様であることを知らされた気がした。同大学の野矢茂樹先生には理論構築などについて、立教大学の河野哲也先生には身体運動と認識との関係などについて重要なご教示を賜った。また立正大学文学部哲学科の他の先生方にも本論文を読んで頂き、様々な方向に発展する可能性を秘めた貴重なご示唆を賜った。先生方のお力添えにより、透徹した論理を有する哲学の分野において１つの論文を書き上げることができた。先生方には心から感謝申し上げる。

　経験的データに基づく学問においては、方法論上、データが重要な位置を占めるが、それに劣らず理論的な方向づけ、またはデータの理論的な解釈が重要であり、それが不適切なままでデータが蓄積されても、真実に至ることは難しいと思われる。精神病理学者のエルンスト・クレッチマーはこう述べる。

　測定（またはデータ）だけでは何もわからない。すべてはわれわれの眼のできる限り完全で、芸術的な訓練に依存する。ひとたびわれわれが見ること

を学んだなら、測定（またはデータ）は正確で、素晴らしい確証をもたらす。

　データまたは事象を見る眼の芸術的訓練において、哲学の関与は有益であると思われる。何故なら、哲学は、概念や論理を徹底的に議論する学問だからである。とすれば、経験諸科学と哲学とは、互いの発展のためにいっそう緊密に連携する必要があるのではないだろうか。筆者は、本書もこのような方向に沿うささやかな試みの1つであると考える。

引用文献

Abercrombie, M.L.J. (1964) *Perceptual and visuo-motor disorders in cerebral palsy: a survey of the literature.* Little Club Clinics in Developmental Medicine 11, London: Spastic Society, William Heinemann.

Abercrombie, M.L.J., Gardiner, P.A., Hansen, E., Jonckheer, J., Lindou, R.L. Solomon, G. & Tyson, M.C. (1964) Visual, Perceptual and visuo-motor impairments in school for physically handicapped children. *Perceptual and Motor Skills*, 18, 561-625.

足立自朗（1996）ピアジェ-ワロン論争の時代背景とその現代的課題　加藤義信・日下正　一・足立自朗・亀谷和史（編訳著）『ピアジェ・ワロン論争：発達するとはどういうことか』ミネルヴァ書房，序章，pp.177-193.

秋元波留夫（1976）『失行症』東京大学出版会

雨宮薫・石津智大・綾部友亮・小嶋祥三（2009）運動イメージによる両側性転移について　哲学，121，207-231.

Anderson, J.R. (1978) Arguments concerning representations for mental imagery. *Psychological Review*, 85(4), 249-277.

Annett, J. (1995) Motor imagery: perception or action? *Neuropsychologia*, 33(11), 1395-1417.

青木蕃（1984）感覚統合の生理学　感覚統合研究，1，131-152.

有川真弓・繁田雅弘・山田孝（2006）わが国の感覚統合療法効果研究の現状：文献のシステマティックレビュー　日保学誌，第9巻，第3号，170-177.

Ayres, A.J. (1972). *Sensory integration and learning disorders.* Los Angeles: Western Psychological Services. 宮前珠子他（1978）『感覚統合と学習障害』共同医書出版

Ayres, A.J. (1979) *Sensory integration and the child.* Los Angeles: Western Psychological Services. 佐藤剛（監訳）（1983）『子どもの発達と感覚統合』共同医書出版

Barsalou, L.W. (2009) Simulation, situated conceptualization, and prediction. *Philosophical Transaction of the Royal Society B: Biological Sciences*, 364, 1281-1289.

Венгер, Д.А. и Холмовокой, В.В. (Ред.) (1978) 青木冴子（訳）『就学前児の知的発達診断』新読書社

Выготский, Л.С. (1930-1931) 柴田義松（訳）（1970）『精神発達の理論』新読書社

Выготский, Л.С. (1932) 柴田義松・森岡修一 (訳) (1976) 『児童心理学講義』明治図書

Выготский, Л.С. (1956) 柴田義松 (訳) 『思考と言語』上、下、 明治図書

Bernstein, N. (1967) *The Co-ordination and Regulation of Movements*. London: Pergamon Press.

Birch, H.G. & Lefford, A. (1964) Two strategies for studying perception in "brain-damaged" children. In Birch, H.G. (Ed.) *Brain Damage in children: the biological and social aspects*. New York: William & Wilkins, pp.46-60.

Blakeslee, S.B. & Blakeslee, M. (2007) *The body has a mind of its own*. New York: Random House. 小松淳子 (訳) (2009) 『脳の中の身体地図』インターシフト

Bortner, M., & Birch, H.G. (1962) Perceptual and Perceptual-Motor Dissociation in Cerebral Palsied *Children. Journal of nervous Mental Disease*, 134, 103-108.

Caeyenberghs, K., Wilson, P., Roon, D.V. et al. (2009) Increasing convergence between imagined and executed movement across development: evidence for the emergence of movement representations. *Developmental Science, 12(3)*, 474-483.

Choudhury, S., Charman, T., Bird, V., & Blakemore, S-J. (2007) Adolescent development of motor imagery in a visually guided pointing task. *Consciousness and Cognition*, 16(4), 886-896.

Cruickshank, W.M., Bice, H.V., Wallen, N.E. & Lynch, K.S. (1965) *Perception and cerebral palsy: figurebackground relationship. 2nd ed.* Syracuse: Syracuse University Press.

Damasio, A. (1994) *Descartes' error: emotion, reason, and the human brain*. New York: G.P. Putnam's Sons. 田中三彦 (訳) 『デカルトの誤り：情動，理性，人間の脳』ちくま学芸文庫，筑摩書房

Decety, J. (1996) The neurophysiological basis of motor imagery. *Behavioral Brain Research*, 77, 45-52.

Dreyfus, H. & Tayler, C. (2015) *Retrieving realism*. Cambridge: Harvard University Press. 村田純一 (監訳) (2016) 『実在論を立て直す』法政大学出版局

Frostig, M. (1970) *Movement education: therapy and Practice*. Chocago: Follet Publishing Co.

府川昭世・井梅由美子・近藤俊明・出口保行 (2014) 発達に課題をもつ子どもへのフロスティッグプログラムによる早期介入の効果：学部学生による視知覚向上プログラムの意義 東京未来大学紀要，Vol.7，135-146.

Funk, M., Brugger, P., & Wilkening, F. (2005) Motor process in children's imagery: the case of mental rotation of hands. *Developmental Science*, 8-5, 402-408.

Gabbard, C. (2009) Studying action representation in children via motor imagery. *Brain and Cognition*, 71, 234-239.

Gallagher, S. (2004) *How the body shapes the mind*. Oxford: Oxford University Press.

Gallagher, S. (2005) Dynamic models of body schematic processes. In Preesteer, H.G. & Knockaert, V. (Eds.) *Body image and body schema*, pp.233-250., Philadelphia: John Benjamins B.V.

Gallagher, S. (2017) *Enactivist interventions*. Oxford: Oxford University Press.

Gallagher, S. & Zahavi, D. (2012) *The phenomenological mind. 2nd ed.* New York: Routledge.

Gibson, J.J. (1979) *The ecological approach to visual perception*. Boston: Houghton Mifflin. 古崎敬・古崎愛子・辻敬一郎・他（訳）（1985）『生態学的視覚論：ヒトの知覚世界を探る』サイエンス社

Grünbaum, A.A. (1930) *Aphasie und Motorik*. Zschr. Ges. Neur. Pstr., 130.

Haggard, P. & Wolpert, D.M. (2005) *Disorders of body scheme*. In Freund, H.N. & Jeannerod, M., Hallett, M. & Leiguarda, R. (Eds.) Higher-order motor disorder: from neuroanatomy and neurobiology to clinical neurology, pp.261-271, Oxford: Oxford University Press.

浜田寿美男（1994）『ピアジェとワロン：個的発想と類的発想』ミネルヴァ書房

Hanakawa, T., Honda, M, Okada, T. et al. (2002) The role of rostral Brodmann area 6 in mental operation tasks: an integrative neuroimaging approach. *Cereb Cortex*, 12(11), 1157-1170.

Head, H. & Holmes, H.G. (1911-1912) Sensory disturbance from cerebral lesions. *Brain*, 34, 102-254.

Hécaen, H. & Albert, M. (1978) *Human neuropsychology*. NewYork: John Wiley & Sons. 安田一郎（訳）（1990）神経心理学、青土社

Held, R. & Hein, A. (1963) Movement-produced stimulation in the development of visually guided behavior. *J. of Comparative Physiological Psychology*, 56, 872-876.

Herskovits, A. (1986) *Language and spatial cognition: an interdisciplinary study of the preposition in English (Studies in natural language processing).* 堂下修司・山田篤（訳）『空間認知と言語理解』オーム社

菱谷晋介（2013）新しいイメージ観の展開：内的行為としてのイメージ　イメージ心理学研究, 11, 37-49.

Holmes, N.P. & Spence, C. (2004) The body schema and the multi-sensory representation(s) of peripersonal space. *Cognitive Processing*, 5(2), 94-105.

干川隆（2005）脳性まひ児・者の行為と知覚との相互作用　発達障害研究，27 (1)，4-12.

今井むつみ（2014）言語発達と身体への新たな視点　今井むつみ・佐治伸郎（編）『コミュニケーションの認知科学1言語と身体性』岩波書店，第1章，pp.1-34.

乾敏郎（2007）イメージ生成とイメージ障害の認知脳理論　現代思想，35-6，233-245.

乾敏郎（2009）『イメージ脳』岩波科学ライブラリー，岩波書店

石合純夫（2000）脳損傷者の日常生活にみられる認知・知覚の障害　OTジャーナル，第34巻第9号，902-906.

岩永竜一郎（2017）発達障害児の感覚や運動の問題への支援：感覚統合療法（SI療法）の立場から　発達と医学，65(9)，790-796.

Jensen, R.T. (2009) Motor intentionality and the case of Schneider. *Phenomenology and the Cognitive Sciences*, 8(3), 371-388.

Johnson, M. (1987) *The body in the mind*. Chicago: The university of Chicago. 菅野盾樹・中村雅之（訳）心のなかの身体　紀伊國屋書店

Johnson, M. (2007) *The meaning of the body: aesthetic of human under-standing*. Chicago: The University of Chicago Press.

Johnson, M. (2010) Metaphor and cognition. In Gallagher, S. and Schmicking, D. (Eds.) *Handbook of Phenomenology and Cognitive Science*, New York: Springer, pp.401-414.

Johnson, M. (2017) *Embodied mind, meaning, and reason: how our bodies give rise to understanding*. Chicago: The University of Chicago Press.

Kant, I. (1787) 有福孝岳（訳）（2001）『純粋理性批判』上，カント全集，4，岩波書店

加藤寿宏・岩永竜一郎・太田篤志・日田勝子・永井洋一・山田孝・土田玲子（2015）JPAN感覚処理・行為機能検査を用いた感覚統合障害分類　感覚統合研究，15，11-18.

加藤義信（2014）モダンとポストモダンの視点からみたワロン発達思想の二重の現代性　心理科学，第35巻，第1号，1-10.

加藤義信（2015）『アンリ・ワロン：その生涯と発達の思想』福村出版

加藤義信・日下正一・足立自朗・亀谷和史（編訳著）（1996）『ピアジェ×ワロン論争：発達するとはどういうことか』ミネルヴァ書房

鹿取廣人（1968）『図形認知の発生条件：幾何図形同一視を支える個体的条件の実

験的分析』日本心理学会

川田学（2007）発達理論を問い続ける：その新しい役割に関する予備の考察として　心理科学，第27巻，第2号，15-25.

川崎千里　1999　運動機能の障害：「不器用」の評価と対応　小児の精神と神経，39-1，33-39.

Kephart, N.C. (1968). *Learning disability: an educational adventure*. West Lafayette: Kappa Delta Pi Press.

Kephart, N.C. (1971) *The slow learner in the classroom*. 2nd ed. Ohio: Charles E. Merrill.　大村実（訳）（1976）発達障害児：精神発達と運動機能，上下　医歯薬出版

菊池吉晃（2008）脳機能イメージングで高次脳機能を観る　日本保健学会誌，10(4)，205-214.

Kleist, K. (1906) Ueber Apraxie. Mschr Psychiat *Neurol*, 19, 269-290.

Kleist K. (1934) Kriegsverletzungen des Gehirns in ihrer Bedeutung fü die Hirnlokalisation und Hirnpathologie. In Schjerning B. von, Bonhoffer, K. (eds.), *Handbuch der ritzlichen Erfahrungen im Weltkrieg*. Leipzig: Barth, vol.4, pp.343-416.

小枝達也（2003）小児の認知機能障害　認知神経科学，5(3)，142-146.

Kosslyn, S.M., Digirolamo, G.j., Thompson, W. & Alpert, N.M. (1998) Mental rotation of object versus hands: neural mechanisms revealed by positron emission tomography. *Psychophysiology*, 35, 151-161.

Kosslyn, S.M., Thompson, W.L., & Ganis, G. (2006) *The case for mental imagery*. New York: Oxford University Press.

河野哲也（2000）『メルロ＝ポンティの意味論』創文社

河野哲也（2015）『現象学的身体論と特別支援教育：インクルーシブ社会の哲学的探究』北大路書房

子安増生・大平英樹（編）（2011）『ミラーニューロンと＜心の理論＞』新曜社

Laeng, B. (2006) Constructional apraxia after left or right unilateral stroke. *Neuropsychologia*, 44, 1595-1606.

Lakoff, G. (1987) *Women, fire, and dangerous things: what categories reveal about the mind*. The University of Chicago Press. 池上嘉彦・川上誓作・辻幸夫他（訳）（1993）認知意味論：言語から見た人間の心　紀伊國屋書店

Lakoff, G. & Johnson, M. (1980) *Metaphors we live by*. The University of Chicago Press. 渡部昇一・楠瀬淳三・下谷和光（訳）『レトリックと人生』大修館書店

Lakoff, G. & Johnson, M. (1999) *Philosophy in the flesh:the embodied mind and its challenge to western thought*. New York: Basic Books.

Laszlo, J.I. & Bairstow, P.J. (1985) *Perceptual-Motor Behavior: Developmental assessment and therapy*. New York: Praeger

Le Séac'h, A.B., Senot P. & Mclintyre, J. (2010) Egocentric and Allocentric reference frames object. *Experimental Brain Research*, 201, 653-662.

Lewis, M., Maruff, P., & Cairney, S. (2008) Differences in motor imagery between children with developmental coordination disorder with and without the combined type of ADHD. *Developmental Medicine and child neurology*, 50, 608-612.

Luria, A.R. & Tsvetkova, L.S. (1964) The programming of constructive activity in local brain injuries. *Neuropsychologia*, 2, 95-107.

Madan, C.R. & Singhal, A. (2012) Motor imagery and higher-level cognition: four hurdles before research can sprint forward. *Cognitive Processing*, 13(3), 211-229.

Marmor, G.S. (1975) Development of kinetic image: when does the child first represent movement in mental image? *Cognitive Psychology*, 7, 548-559.

Mercer, C.D. & Pullen, P.C. 2005 *Students with learning Disabilities. 6th ed.* New Jersy: Prentice Hall.

Merleau-Ponty, M. (1942) *La structure du compotement*. Paris: Presses Universitaires de France. 滝浦靜雄・木田元 (2014)『行動の構造』上下, みすず書房

Merleau-Ponty, M. (1945) *Phénoménologie de la perception*. Paris: Gallimard (Collection Tell) 竹内芳郎・小林貞孝 (訳)『知覚の現象学』1・2, みすず書房

Merleau-Ponty, M. (1964) *Le visible et l'invisible*. Paris: Gallimard. 滝浦靜雄・木田元 (訳) (1989)『見えるものと見えないもの』みすず書房

宮口英樹・中西一・中津留正剛 (2011) 運動イメージの臨床応用 OT ジャーナル, 45(7), 864-872.

Miyahara, M. & Mobs, I (1995) Developmental Dysplaxia and Developmental Coordination Disorder. *Neuro-Psychology Review*, 5, 245-268.

Morss, J.R. (1987) The construction of perspectives: Piage's alternative to spatial egocentrism. *International Journal of Behavioral Development*, 10, 263-279.

村田純一 (1989) イメージの不確定性 日本現象学会 (編) 現象学年報 5, pp.57-74.

村田純一 (2007)「『わたし』を探検する」双書, 哲学塾, 岩波書店

宮崎清孝・上野直樹 (2008) 視点 コレクション認知科学, 3, 東京大学出版会

宮下保司・下条信輔 (編) (1995)『脳から心へ：高次機能の解明に挑む』岩波書

店

森岡周・松尾篤（編）（2012）『イメージの科学―リハビリテーションへの応用に向けて』三輪書店

麦の会・品川・越野（2017）『子どもからはじめる算数：すべての子どもに学ぶ喜びを』全障研出版部

中垣啓（訳）（2007）『ピアジェに学ぶ認知発達の科学』北大路書房

中村真一郎・田中茂樹・乾敏郎（2003）指構成課題における身体順モデルの利用 *Cognitive Studies*, 10-1, 139-144.

仲山佳秀（1984）痙直型脳性麻痺児における構成障害：認識的側面からの検討 教育心理学研究，32，247-255.

仲山佳秀（1991）Ayres の感覚統合理論について：「感覚統合」の概念について 障害者問題研究，66，82-88.

仲山佳秀（2007）認識発達における運動の役割：Piaget と Kephart の発達理論の検討 心理学評論、*49*、644-654.

仲山佳秀（2010・2011）構成行為の機序の検討―仮想的運動の観点から 理論心理学研究，第12巻・第13巻，1-13.

仲山佳秀（2015）発達的観点から見た運動と思考との連関：運動の内面化説の検討 哲学，66，190―204.

仲山佳秀（2017）発達的観点から見たイメージの概念規定 立正哲学会紀要第12号，35―44.

成瀬悟策（1973）『心理リハビリテーション：脳性マヒの動作と訓練』誠信書房

Neisser, U. (1976) *Cognition and reality*. San Francisco: W.H. Freeman. 古崎敬・村瀬旻（訳）『認知の構図』サイエンス社

Nielsen, H.H. (1966) *A psychological study of cerebral palsied children*. Copenhagen: Munksgaad. 永井昌夫・大村実（1972）『脳死麻痺児の心理』医歯薬出版

Noë, A. (2004) *Action in perception*. Cambridge (Mass.) MIT Press. 門脇俊介・石原孝二（監訳）（2010）『知覚のなかの行為』春秋社

大庭重治（1996）『構成行為の発達と障害』風間書房

岡本仁美（2016）幼児期におけるインクルーシブ教育の実質化に向けての研究：インクルーシブ教育とモンテッソーリ教育の親和性に着目して モンテッソーリ教育，第49号，100-113.

奥井遼（2013）身体化された行為者（embodied agent）としての学び手：メルロ＝ポンティの「身体」概念を手がかりとした学びの探求 教育哲学研究，107，60-78.

Perfetti, C. (2004-2011) 宮本省三・沖田一彦（監訳）（2012）身体と精神：ロマン

ティック・サイエンスとしての認知神経リハビリテーション　協同医書

Piaget, J. (1946). *La formation du symbole chez l'enfant*. Neuchatel: Delachaux & Niestlé. 大伴茂（訳）（1968）幼児心理学1-3，黎明書房

Piaget, J. (1948) *La naissance de l'intelligence chez l'enfant*. 2e ed. Neuchatel: Delachaux et Niesteé. 谷村覚・浜田寿美男（訳）（1978）知能の誕生　ミネルヴァ書房

Piaget, J. (1949). *A psychologie de Lintelligence*. Parris: Armand Colin. 波多野完治・滝沢武久（訳）（1967）『知能の心理学』みすず書房

Piaget, J. (1951) 日下正一、加藤義信他（解説・訳）（1992）　自己中心的思考と社会中心的思考　心理科学，第13巻，第2号，34-46.

Piaget, J. (1968) Le point de vue de Piaget. *International Journal of Psychology*, 3, 281-299. J. ピアジェ（著）、中垣啓（訳）（2007）『ピアジェに学ぶ認知発達の科学』北大路書房

Piaget, J. (1977). The role of action in the development of thinking. In W.F. Overton et al. (Eds.), *Knowledge and development, Vol.1*, Advance in research and theory, New York: Plenum Press, pp.17-42.

Piaget, J. et Inhelder, B. (1948) *La Representation de l'espace chez l'enfant*. Paris: Presses Universitaires de France.

Piaget, J, et Wallon, H. (1928) 加藤義信、日下正一他（解説・訳）（1988）子どもの思考の3つのシステム：理性的思考と運動的知能との関係についての研究（1928年ピアジェ－ワロン論争の記録）　心理科学，第*11*巻，第2号，34-51.

Piecy, M., Hécan, H. & Ajuriaguerra, J. de (1960) Constructional Apraxia with Unilateral Cerebral Lesions: Left and Right Sided Cases Compared. *Brain*, 83, 225-242.

Рубинштейн, С.Л. (1946) 秋元春朝・秋山道彦・足立自朗他（訳）（1981-1986）『一般心理学の基礎』1-4，明治図書

Рубинштейн, С.Л. (1957) 寺沢恒信（訳）（1960）『存在と意識』青木書店

Morss, J.R. (1987) The construction of perspectives: Piage's alternative to spatial egocentrism. *International Journal of Behavioral Development*, 10, 263-279.

Rizzolatti, G. & Craighero, L. (2004) The mirror-neuron system. *Annual Review of neuroscience*, 27, 169-192.

Saltz, E. & Dixon, D. (1982) Let's pretend: the role of motoric imagery in memory for sentences and words. *J. of Experimental Child Psy- chology*, 34, 77-92.

Saltz, E., Dixon, D. & Johnson, J. (1977) Training disadvantaged preschoolers on various fantasy activities: effects on cognitive functioning and impulse control. *Child Development*, 48, 367-380.

Saltz, E. & Donnenwerth-Nolan, S. (1981). Does motoric imagery facilitate for sentence ? : a selective interference test. *J. of Verbal Learning and Verbal Behavior*, 20, 322-332.

Sartre, J.P. (1940) *L'imaginaire: psychologiepehenomenologique de l'imagina-tion.* Paris: Gallimard. 平井啓之（1975）『想像力の問題：想像力の現象学的心理学』人文書院

佐々木正人（1984）空書行動の発達：その出現年齢と機能の分化　教育心理学研究、32，34-43.

佐々木正人（1987）『からだ：認識の原点』認知科学選書，第Ⅱ期，15，東京大学出版会

佐々木正人・渡辺章（1983）「空書」行動の出現と機能：表象の感覚運動的成分について　教育心理学研究，31，273-282.

積山薫（1991）知覚とイメージ　日本児童研究所（編）児童心理学の進歩，第30巻，49-78.

積山薫（1997）『身体表象と空間認識』ナカニシヤ出版

積山薫・竹村保子・福田香苗（1984）「積木問題」における空間表象の操作：脳性マヒ児にみられるつまずきの分析　教育心理学研究，32，110-115.

Schilder, P. (1923) 北條敬（訳）（1983）『身体図式：自己身体意識の学説への寄与』金剛出版

Schilder, P. (1935) 秋本辰雄・秋山俊夫（編訳）（1987）『身体の心理学：身体のイメージとその現象』星和書店

Shepard, R N. & Metzler, J. (1971) Mental rotation of three dimensional objects. *Science*, 171, 701-703.

Sherrington, C. (1951) *Man on his nature.* Cambridge University Press.

白岩史・林武文（2009）運動視差からの奥行き知覚における眼球運動の役割　関西大学総合情報学部紀要「情報研究」第31号，39-65.

清水良三（1999）臨床動作法による新しい非言語的心理治療　福岡国際大学紀要 No.1，1-6.

舟地勝人（1971）脳性マヒ児の視覚－運動機能の分析的研究心理学研究，42，55-66.

舟地勝人（1978）脳性マヒ児の視覚－運動機能の発達的研究　心理学研究，49，246-256.

Sirigu, A. & Duhamel, R. (2001) Motor and visual imagery as two complementary but neurally dissociable mental process. *J. of Cognitive Neuroscience*, 13(7), 910-919.

Strauss, H. (1924) Über konstruktive Apraxie. *Mschr Psychiat Neurol*, 5, 65-124.

鈴木忠（1996）『子どもの視点から見た空間的世界：自己中心性を越えて』東京大学出版会

鈴木貴之（2003）非概念的な知覚的知識と思考との関係：サミュエル・トーデスの知覚論　思想，949号，125-141.

田口鉄久（2004）ごっこ遊びの研究：1・2歳児のごっこ遊びと援助のあり方　岐阜女子大学紀要，33，75-81.

田中雅人（1990）運動習熟に伴う表象の変容とその発達差　体育学研究，34，293-303.

田中彰吾（2013）運動学習におけるコツと身体図式の機能　バイオメカニズム学会誌、37(4)，205-210.

Todes, S. (2001) *Body and world*. The MIT Press.

遠山啓（編）（1971）『歩きはじめの算数：ちえ遅れの子らの授業から』国土社

遠山啓（1972）『数学の学び方・教え方』岩波書店

遠山啓・銀林浩（編）（1976）『わかるさんすうの教え方1』むぎ書房

鳥居修晃（偏）（1982）『現代基礎心理学3：知覚Ⅱ』東京大学出版会

Tsukimoto, H. (2001) Embodied AI: symbol grounding through imagination. *AAAI Technical Report*, Fs-01-01, pp.67-74.

月本洋（2005a）身体運動意味論　科学基礎論研究、33(1)、31-40.

月本洋（2005b）身体運動意味論：言語・イメージ・身体　現代思想，33(2)，180-191.

月本洋（2010a）身体運動意味論と身体運動統語論　日本認知言語学会論文集，10，654-668.

月本洋（2010b）『心の発生：認知発達の神経科学的理論』ナカニシヤ出版

月本洋・上原泉（2003）『想像：心と身体の接点』ナカニシヤ出版

梅津八三・中谷和夫他（1967）先天性盲人における開眼手術後の視覚的弁別の成立（続報）　日本心理学会第31回発表論文集，27

Vidal, M., Anorim, M.A, & Berthoz, A. (2004) Navigating in a virtual three-dimensional maze: how do egocentric and allocentric reference frames interact? *Cognitive Brain Research*, 19, 244-258.

Wallon, H. (1942). *De l'acte à la pensée : essai de psychologie comparée*. Paris: Flammarion. 滝沢武久（訳）（1962）『認識過程の心理学』大月書店

Wallon, H. (1951) 亀谷和史、足立自朗他（解説・訳）（1993）再びピアジェ氏に答えて　心理科学第14巻，第2号，45-53.

Wallon, H. (1954) 浜田寿美男（訳編）（1983）『ワロン身体・自我・社会』ミネルヴァ書房

Wolpert, D.M. & Z. Ghahramani, Z. (2000) Computational principles of movement neuroscience. *Nature Neroscience*, 3, 1212-1217.

Warrington, E.K. & James, M. (1967) Disorders of visual perception in patients with localized cerebral lesions. *Neuropsychologia*, 5, 253-266.

Watanabe, M. (2011) Distinctive fitures of spatial perspective-taking in the elderly. *Journal of Aging and Human Development*, 72, 225-241.

渡部雅之（2013）空間的視点取得の脳内機序と生涯発達　心理学評論，第56巻第3号，357-375.

渡部雅之（2014）空間的視点取得における仮想的身体移動の幼児期から成人期に至る変化　発達心理学研究，第25巻第2号，111-120.

Wexler, M., Kosslyn, S.M. &Berthoz, A. (1998) Motor processes in mental rotation. *Cognition*, 68, 77-94.

Williams, J., Anderson, V., Reid, S.M., &Reddihough, D.S. (2012) Motor imagery of the unaffected hand in children with spastic hemiplegia. *Developmental Neuro Psychology*, 37(1-2), 84-97.

Wolpert, D.M. & Z. Ghahramani, Z. (2000) Computational principles of movement neuroscience. *Nature Neroscience*, 3, 1212-1217.

Wraga, M., Shepard, J.M., Churcha, J.M. et al. (2005) Imagined rotations of self versus objects: an fMRI study. *Neuropsychologia*, 43, 1351-1361.

Усовой, А.П.иСакулиной, Н.П. （1965）坂本市郎（訳）（1976）『幼児期の感覚教育』新読書社

吉田夏彦（1965）ピアジェの論理学　波田野完治（編）『ピアジェの発達心理学』国土社，pp.171-194.

Запорожец, А.В.（1960）西牟田久雄（訳）（1965）『随意運動の発達：認識と行為の形成』世界書院

Zimmer, M. & Desch, L. (2012) Sensory integration therapies for children with developmental and behavioral disorders. *Pediatrics*, Vo.129, No.6, 1186-1189.

人名索引

事項索引

著者略歴

仲山　佳秀（なかやま　よしひで）

1951年生まれ．日本体育大学体育学科卒．筑波大学大学院博士課程心身障害学研究科満期
退学．文博（2019年立正大学）．江南女子短期大学講師・助教授，湘北短期大学助教授・
教授を経て，現在立正大学教授．

発達的観点から見た運動と思考との連関
——運動の内面化説の検討——

発　行　日———2020年11月22日　初版第1刷発行

著　　　者———仲山　佳秀
発　行　者———竹鼻　均之
発　行　所———株式会社みらい
　　　　　　　　〒500-8137　岐阜市東興町40番地　第五澤田ビル
　　　　　　　　TEL　058（247）1227㈹
　　　　　　　　FAX　058（247）1218
　　　　　　　　http://www.mirai-inc.jp/
印刷・製本———西濃印刷株式会社